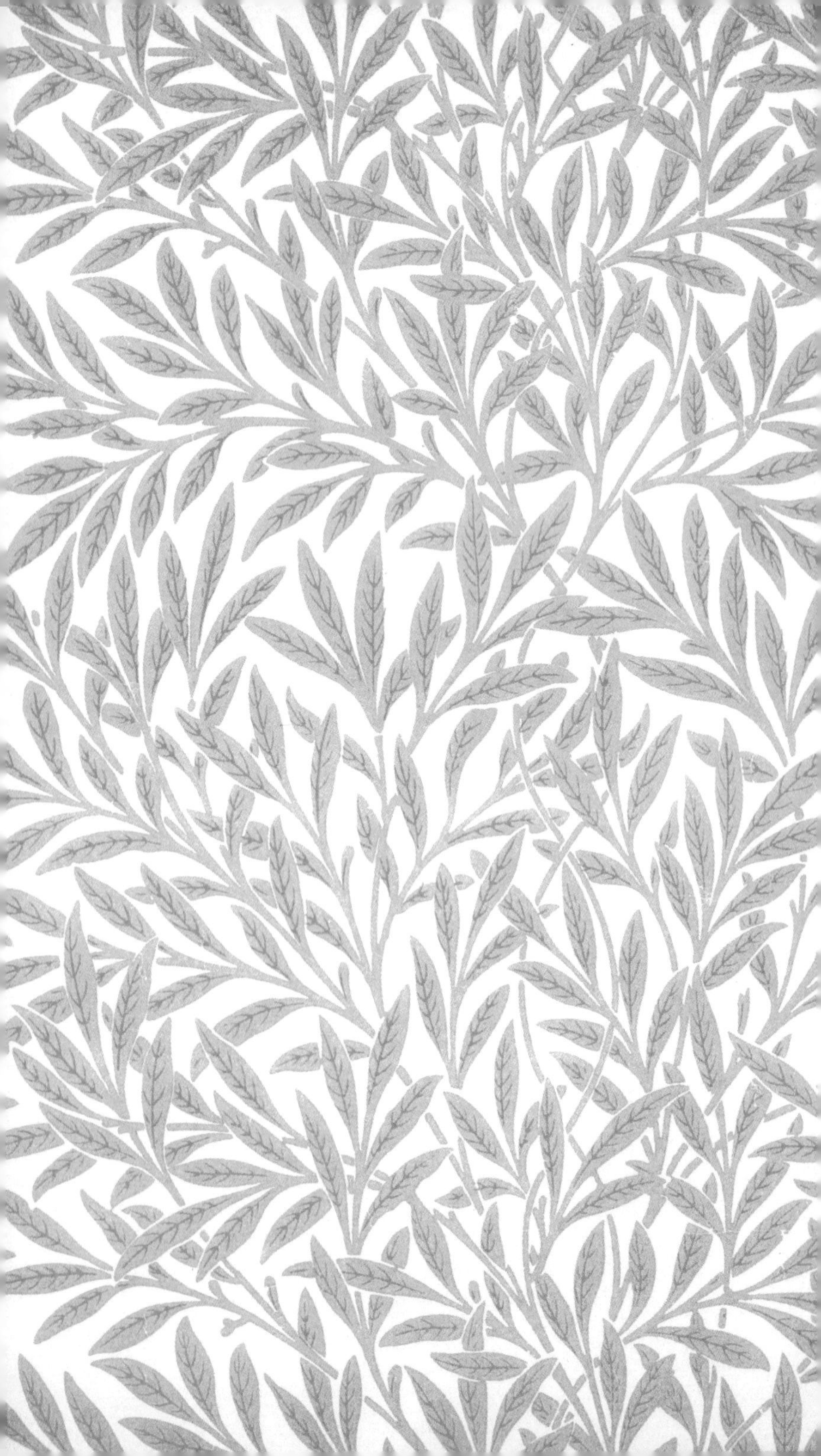

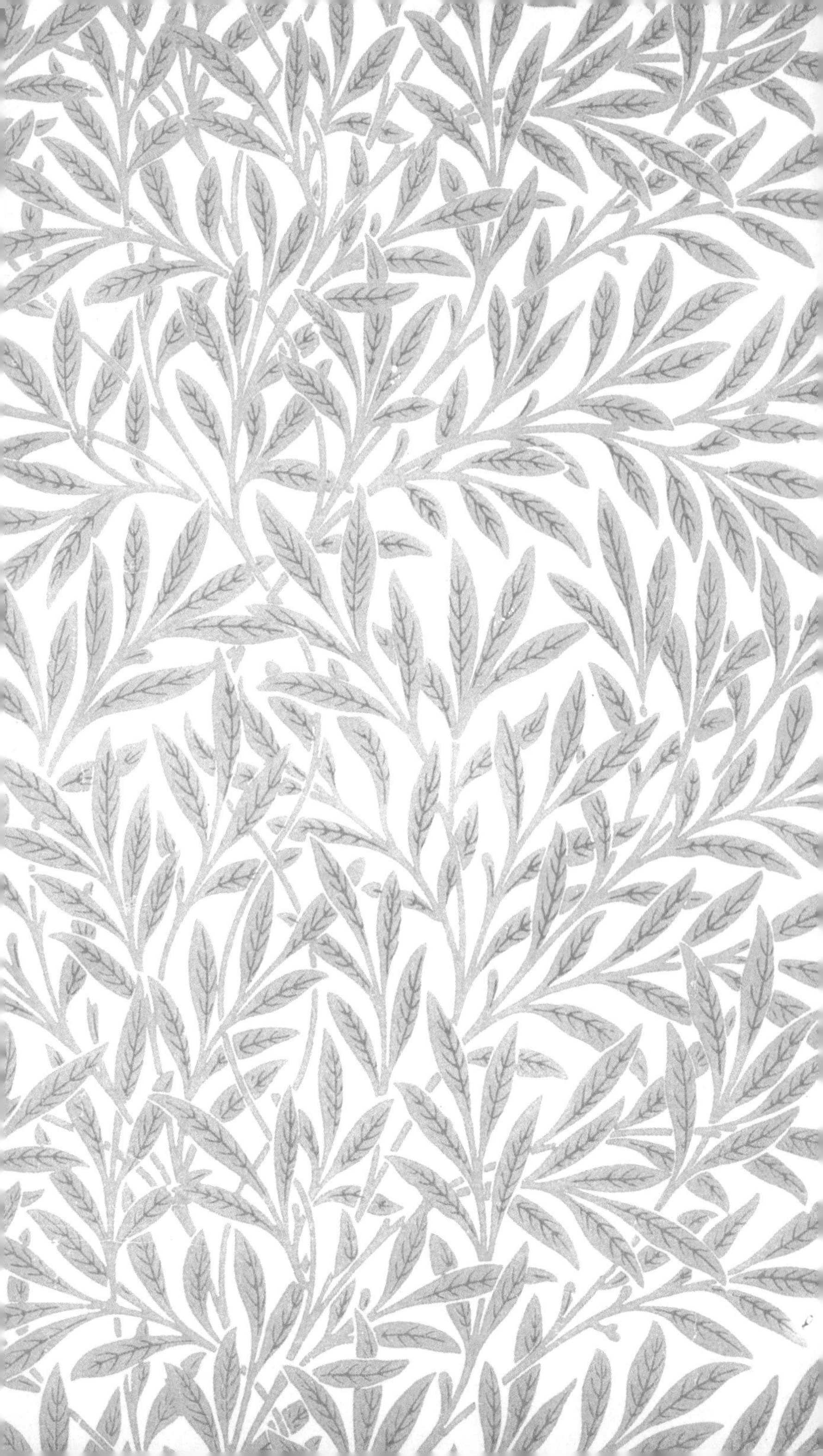

三民叢刊 264

橘子、蘋果與其它

——新世紀看台灣舊問題

陸以正 著

三民書局印行

自序

陸以正

我在大學讀的是外交系，畢業後卻入了新聞界，到美進修讀的也是新聞。進行政院新聞局後，工作仍然與新聞脫不了關係。算起來，四十一年多的公務員生涯，倒有廿五年與新聞有緣。只有十六年兩任大使與額外的兩年多無任所大使期間，才是不折不扣的外交官。外國人說得好，新聞記者作久了，「血液裡都有油墨味」，對新聞的嗅覺也特別敏銳。看見應該報導或批評的事，情不自禁地會一吐為快。所以民國八十七年初回國以後，寫文章彷彿成了我的正業，教書、演講或偶而應邀上廣播、電視反成為副業了。

費時最久的，自然是那本回憶錄《微臣無力可回天——陸以正的外交生涯》，前後寫了三年多。除此之外，那三年裡所寫雜七雜八的文章，已收在三民叢刊第二二七號《如果這是美國——一位退休外交官看臺灣》裡。本書所收錄的是前書出版之後，民國九十與九十一這兩年在各報發表的雜感與評論，一共六十三篇；承劉振強兄的好意，仍由三民出版。我也要感謝聯合報系、中國時報與中央日報同意授予版權。

這些文章雖按發表時間先後排列，內容仍是五花八門，無法準確地歸成幾類。粗略估計一下，牽涉到外交事務與國內政治的篇數，大致相當；但如果把美國與大陸間的互動，乃至美國從九一一事件起到積極準備進攻伊拉克的分析算進去，評論外交的篇數仍超過憂心內政者許多。這不僅與個人工作經驗或興趣有關，實在因為對廿一世紀的台灣而言，外交處處影響內政，兩者間已很難劃分明確的界線了。

這兩年中，世局變遷幅度之大，只有「天翻地覆」四字可以形容。即使北京與華府間的關係，也經歷過一百八十度的轉變。從民國九十年四月兩國軍機在海南島上空碰撞（頁216—217），到次年十一月江澤民向布希試探用大陸飛彈後撤，換取美國減少對台軍售（頁20—22），其間冷暖之別，真似坐雲霄飛車，高低相差何止天壤？展望未來，大陸持續成長，而台灣繼續沉淪（頁23—26），趨勢恐怕難以扭轉。在這樣險惡的環境下，台灣如何自處，實在是所有愛國的人不能不關心的課題。

政黨輪替以來，民進黨政府的外交作為，充其量只能說瑕瑜互見。台灣當然該走出去，但外交政策目標已嫌含混，執行時又總由外行領導內行（頁4—6，11—12，69—70，72—74，84—85，108—113，138—139，169—171，210—212），驚險迭起還在其次，在國際舞台上抬不起頭，在東南亞把原有實質關係的鄰邦，逼得公開否認我國的國際人格，只能說自取其辱，咎有應得。雖然政府把什麼樣的困難，都歸罪於大陸打壓，對內或可收鞏固台獨基本教義派票源之效；但如國家利害也可用損益計算書表示，恐怕仍是得不償失。

九一一事件重創了舉世唯一超強美國的安全感與自尊心（頁184—186），最麻煩的是恐怖份子夾雜在伊斯蘭教信徒裡，清濁難分（頁172—183），處理稍有不慎，便可能引起大禍。美國為攻打伊拉克，籌劃經年（頁27—28，61—68，155—158，162—168）。本書出版之時，巴格達上空也許正有遙控飛彈在呼嘯而下。我們默禱這場看來無人能夠阻止的悲劇，落幕能與開場同樣乾淨俐落，使包括台灣在內的其餘國家，所受損失減到最低程度。

世紀雖已更新，台灣所面臨的多半還是舊問題。立法院有時間吵架（頁145—147，221—224），卻沒時間審議民主試金石的政治獻金法與遊說法（頁93—95）；教育改革害苦了中小學生與家長（頁104—107）；以文化自主為理由，摒棄漢語拼音而硬採通用拼音法（頁88—90）；政府可以辦樂透獎券，卻不肯開放賭禁（頁225—227）；新聞自由受限制，誹謗罪判決被傳為笑談（頁7—10，117—119）；這些全都是老掉了牙的問題，年年有人提，卻年年不得解決。

另外一些，則可歸類於「天下本無事，庸人自擾之」。例如企圖把駐外機構統一的名稱從「台北」改成「台灣」（頁138—139），想把英文定為第二官方語言（頁120—123），乃至競逐院長職務者倡議取消考試院（頁96—99），國策顧問主張以台灣名義加入聯合國（頁81—83），這些稀奇古怪的主張，無不令識者搖頭歎息，覺得政府不急當急之務，偏要哪壺不開提哪壺，到頭來銷聲匿跡，煙消雲散，莫非真跟自己過不去嗎？

花費我最多時間去蒐集資料，也最感滿意的一篇，是積極整頓形形色色的基金會，統一改交國稅局監督的建議（頁187—193）。我國該改革的事務雖多，總得從一處開始，如果這項芻議能被立法諸公採納，我就會像春節領到紅包的小孩子，心滿意足了。

有兩篇文章（頁124—134）是受了「奉天、當陽專案」的連累，不得不澄清事實而寫的。這件事起於國家安全局處理八年前一筆援助南非專款，報銷後再向外交部索回，私立帳戶，明顯違反政府會計法規。民國九十一年春天，因「劉冠軍案」而曝光，媒體所說與事實相去太遠，我是當時經手人，只能拿事實去更正那些不正確的報導。為這個案子，除立法院外交僑政委員會請我去說明外，高等軍事法院檢察署也傳我以證人身份去作過筆錄。幸虧曼德拉總統本人曾向南非媒體透露在先，而且兩國業無外交關係，並未洩漏國家機密。

這本小書內容既然如此雜亂無章，想來想去，只能從一個少有爭議的篇名打主意。橘子與蘋果（頁56—60）用意只在回憶歷史，不料刊出後得到國內外許多共鳴。《歷史月刊》特地要我整理塵封多年的舊資料，把蔣夫人五十九年前訪美詳細經過，寫出來給青年人溫故知新（頁29—52）。這兩物雖都是水果，卻無法也不應該拿來比較，與本書裡各篇文章似有關連，而實則各有其執筆背景，有些相似。是為序。

民國九十二年二月九日・台北市

橘子、蘋果與其它
——新世紀看台灣舊問題

目次

一、台灣不是南韓　世代不是問題

（原刊九十一年十二月廿五日聯合報）

誰配誰，泛藍選民都接受；怕只怕，尚未結婚就分手。

朋友們都有同樣感覺：電視台的叩應討論一類節目似乎多了些。有重大新聞時，固然做到了百花齊放，百鳥齊鳴；但每逢新聞淡季，大家翻來覆去地就同一課題做文章，難免使觀眾感到疲累。南韓總統選舉後，台灣忽然燒起一股「世代交替」旋風，久久不散，恐怕與上星期其它新聞缺少吸引力不無關係。

這陣風既從漢城刮起，南韓這次選舉究竟帶給我們什麼教訓呢？李會昌固然比盧武鉉大了十一歲；但他在五年前已經輸給金大中一次，這次又以極少差距選輸，除退出政治外，別無他路可走。盧武鉉所以能贏得這場選舉，靠的是他的形象清新，敢向美國說不，以及持續推動與北韓尋求和解的陽光政策上。憑心而論，這三項最主要的勝選原因似乎都與世代交替扯不上關係。

民國四十年起，我在聯合國駐韓部隊當過兩年多翻譯官，審訊北韓戰俘，因此還得到艾森豪總統頒發美國的自由勳章。那時南韓真是一片瓦礫，百廢待舉。停戰後若無總額達四十億元的美援，與駐韓美軍龐大的消費力，南韓經濟不可能這麼快復甦，國民所得也不會從一百美元跳到今天的一萬元左右。駐韓美軍雖逐年遞減，至今只剩三萬人，不及南韓三軍的百分之五，但其象徵性意義不可忽視。總而言之，南韓對美國的依存度，超過台灣千百倍。韓國人卻有勇氣選出盧武鉉做總統。我們的當朝諸公不知作何感想？

另一項不能拿南韓和台灣作比較的原因，是韓國兩大黨雖然水火不相容，卻都贊成朝鮮半島最後統一的目標。兩韓在世運會甚至世足賽都組成一隊，在朝鮮半島的旗幟下參賽。南韓明知北韓人民生活在水深火熱之中，陽光政策只希望促成北韓加速和平演變。這與泛藍陣線主流意見雖主張接受九二共識，目的只在求兩岸關係安定，絕非向大陸投降，並無二致。只看國親兩黨都排斥急統，便是明證。今日泛藍與泛綠陣線在國家認同上，始終未有共識，原因之一是早已退休的政客天天還在煽風點火，用最低級的口號譁眾取寵。如果說南韓世代交替了，台灣也該效法，豈非扭曲事實？

兩年半前，陳水扁當選總統，主要因為民意反對黑金，而非只因他比宋楚瑜或連戰年輕幾歲。如果拿他的年紀與李登輝比較，倒可說是世代交替。民進黨執政以來，國家內外情勢都起了重大變化，世代已經交替過了。今日台灣民眾心裡只關心一件事，就是如何搶救經濟，消弭亂象。人民對哪個政黨信不信任，決定的關鍵在於它所代表的行政效率與執政成敗，而非領導人的年齡大小。任何民意測驗，問到你認為哪個黨有最多的經濟人才，最可能使台灣經濟復甦，答案總是國民黨；即使死忠的台獨基本教義份子，只要他公正地思考，也難有例外。

在這種情況下，老百姓對世代不世代，不會感覺興趣。泛藍選民所在意的是國親兩黨必須聯合推舉一組總統候選人，與民進黨競爭，以免重蹈二〇〇〇年的覆轍。一週來電視節目上許多評論家提出各種理論，歸納起來，大多數認為明年三四月間必須定奪。我倒覺得沒有這麼急迫，兩黨內部以及互相間的整合，或許需要更多點時間。我也不相信這項艱鉅的整合工程，到頭來可能功敗垂成。理由很簡單，國親兩黨的領導人早已看清楚，合則還有勝利的希望，但也只限於希望而已，成功還要靠更多的努力；分卻必敗無疑。

人事爭執本來就難處理，在我國的困難度更高。不記得哪位曾提過「影子內閣」的構想，不知那種制度只在英國那樣民主政治成熟，議會實行兩黨制幾百年的國家，才行得通。如由台灣的在野黨推行，人人都覺得他最適宜做某某部的「影子部長」，儘管那只是望梅止渴，畫餅充飢，照樣吵翻天，打破頭，難以擺平。泛藍陣線今日最大挑戰，說穿了就是人事：究竟是連宋配、宋連配、或連馬配而承諾由宋楚瑜出任行政院長呢？

坦白地說，無論什麼組合，只要兩黨真能達成協議，泛藍選民都會接受。他們不能接受的，是配不成導致分裂，讓泛綠陣營再執政四年，國家繼續沉淪。假使這種情況發生，國親兩黨同樣要負責任，沒有輕重之分。相信連宋兩位主席都有足夠的智慧與遠見，使這個最壞情況不致發生。

二、「睜眼瞎子」式的參謀作業

（原刊九十一年十二月十九日中國時報）

陳總統到印尼「度假外交」受阻，政府惱羞成怒。外交部奉令把印尼駐台北經濟貿易代表陳蔽霖請到部裡，當眾抗議，使他幾乎下不了台。經濟部則決定停止對印尼所有援助計畫，放棄在日惹（Yogyakarta）開發加工出口區，原已奄奄一息的「南進政策」終於壽終正寢。呂副總統與副祕書長吳釗燮在記者會上，堅決否認此次規劃有「擺地攤」心理，或是為闖關而闖關。兩人雖不肯透露究竟「府對府」的對口究係何人，弦外之音，似乎暗示梅嘉娃蒂總統的丈夫與之有關，至少知道有這麼回事。

他們兩人在記者會上的話，只做到了越描越黑。假使居中拉線的只是一名不懂印尼政治行情的台商，還可推脫些責任。但負責接洽者竟是簡又新部長在總統府的繼任人，副總統本人又親自參與所有細節，甚至半夜兩點鐘還要起床接聽雅加達打來的電話。那麼這次貽笑國際，丟盡台灣臉面的事件該由什麼人負責，就非常清楚了。

甘迺迪一九六〇年就任美國總統後，對美國的外交系統也甚感無奈，他向議員抱怨說，要國務院辦一件事，比要大象生個小象還困難。問他何意，他解釋說，不但要把公象用起重機吊起來才能與母象交配，懷孕後更要等廿二個月才能生產。直至那時，我從不知道大象懷胎要那麼久，這個故事給我很深刻的印象，至今難忘。

扁政府上台後，對外交系統的觀感大概與甘迺迪差不多。只是有些人變本加厲，豈止毫不信任，有時更近於深惡痛絕。因此像正副總統出訪的重大事件，都由府裡自行操作，到最後一分鐘才告知外交部；且並非徵詢意見，只是命令配合而已。八月呂副總統鬧關不成，今日檢討，應該歸咎於找錯對象。孔海榮律師介紹給她的是印尼最大的反對黨戈爾卡 (Golkar) 黨，所以副總統只見到了這個黨的兩位部長，鎩羽而歸。

有了八月的經驗，這次總該找對人了吧。前天的記者會非但拒絕透露印尼方面是誰在和總統府聯繫，又說到日惹去也是印尼方面的主意。我很懷疑後半段的可信度，不只因為四十年前我曾代表政府去印尼出席太平洋旅遊協會，到過日惹，與這位省長的父親布旺諾九世 (Sultan Hamengubuwono IX) 打過交道。更因為就官方透露的原定日程看來，日惹明明是此行主要的藉口，所以才派高雄加工出口區處長周嚴先去鋪路，看來九十人的投資訪問團也是交給他籌組的，以免在台北打草驚蛇。在日惹唱完自欺欺人的一場戲後，歸途在雅加達停留的幾小時，才可能有與梅嘉娃蒂見面的機會；但也要看對方願不願意和陳總統會晤。

日惹是舊爪哇王國的首都，到處是名勝古蹟。聞名的般若普陀 (Borobudur) 大廟是舉世最大的大乘佛教聖地，十六世紀就被列為世界七大奇蹟 (Seven Wonders of the World) 之一。布旺諾九世的皇宮位居市中心，佔地四千餘坪，一七五五年建成，有點像北京故宮。他本人曾留學荷蘭，一九四五年蘇卡諾領導獨立運動，荷蘭出兵鎮壓，他毅然易幟，宣佈參加革命，催生了印尼共和國。蘇卡諾生前，布旺諾九世做過財政部長、國防部長和副總統。但蘇卡諾是何等厲害的角色，臥榻之旁，怎肯讓人鼾睡。等我認識他的時候，布旺諾九世已經投閒置散，只剩下印尼奧委會主席，觀光協會會長等等的掛名差使了。

印尼自蘇哈托總統下台後，缺少強人領導，政局搖擺不定。半個瞎子的瓦希德總統因貪污下台，梅嘉娃蒂繼任，能力與經驗都不足，當選只因為她是蘇卡諾的女兒。今日印尼山頭林立，群雄爭霸，都因此而起。她雖然優柔寡斷，耍政治卻繼承了乃父的手腕與作風；正因為許多人想擁戴這位省長與她競爭，她豈可不防？

這次失敗與八月如出一轍，都起於不信任職業外交官對當地局勢的瞭解與研判。須知要想與無邦交國家建立關係，唯有找真正的權力核心，任何外圍人士都不可靠。「睜眼瞎子」式的參謀作業，結果是看錯醫生抓錯藥。我實在不忍心看見中華民國政府在外面這樣被人糟蹋，變成「中華台北」；還落個「永遠不歡迎陳水扁總統」的話柄。

三、誹謗罪欠完整　影響新聞自由

（原刊九十一年十二月十六日聯合報）

構成要件與舉證責任缺少明確規定，言論自由未獲充分保障，兩件誹謗案宣判更帶來「民不與官鬥」教訓。

民進黨在野時，高喊維護新聞自由，但扁政府上台兩年多來，從搜查報館與雜誌社，以洩漏國家機密罪起訴記者，到副元首控告媒體還不夠，最近元首也震怒要提出告訴，幸虧報社立即澄清，才算結束。這一連串行為，似乎與過去在野時的主張，有點背道而馳。

近一週來，不知原先是否在等候選舉過去，兩件拖了許久的誹謗案接一連二地宣判。兩案都是現在正當權、或曾當權而仍有巨大影響力的原告勝訴，被告須花費幾百萬甚至幾千萬元在報紙刊登更正道歉廣告與判決書主文，並購買電視時間播送道歉啟事。兩案被告都說還要上訴，官司雖然未了，它們所帶來的「民不與官鬥」的教訓，卻已頗為明顯。

這兩樁個案，不一定有「上面」授意，但其間的巧合實在耐人尋味。且撇開為何如此判決的理由不談，從報載判決要點與所作處分看來，顯示在我國，誹謗法仍然缺少完整的觀念體系，無論司法界與民間都需要再教育。我國自古以來，從未有誹謗法的傳統。十五年前，台灣一位初審法官曾經判決說，死了幾百年的唐宋八大家之一的韓愈能被現代人誹謗（參見拙文〈從英美法看韓文公案〉，民國七十七年十月五日聯合報），輿論譁然後，才被上級法院撤銷。此後國人逐漸注意起誹謗法的問題，自從大法官會議做出劃時代的第五〇九號釋憲文後，誹謗與大眾知的權利之間總算找到了個平衡點，然而由於構成誹謗的要件與舉證責任缺少明確規定，言論自由仍未獲得充分保障，與美國憲法第一修正案明確保障新聞自由，還有一段距離。

英美法制裡，對誹謗罪的界定與訴訟要件也經過三百多年的演變發展，才有今日。一六三七年，英國人普林（William Prymn）因誹謗女王，被判無期徒刑外還被割去雙耳，以儆效尤。一七三四年，美國出版家曾格（John P. Zenger）被控誹謗，在訴訟裡首次樹立了如報導屬實，則誹謗罪不能成立的基本原則。至於詮釋誹謗與新聞自由間關係最著名的案例，則是美國一九六四年的蘇利文案（New York Times vs. Sullivan）。美國最高法院在那件判例裡，樹立了認定誹謗罪的兩大要件。

首先，它把公眾人物與一般人民作出區分。公眾人物長年處於鎂光燈下，既然享受許多榮譽與艷羨，就不應也不可能與一般人民享有同樣的隱私權。普通人提出誹謗之訴時，被告須舉證說明並未誹謗。但原告如為公共人物時，所有舉證的責任就落到原告身上，被告無須勞神答辯。其次，原告不但要證明被告所寫或所說的並非事實，還必須證明被告有意惡毒造謠（actual malice)。怎樣才算惡意呢？必須被告明知所寫並非事實，卻仍照登不誤 (reckless disregard of truth)。換言之，被告如已經過查證，儘管查證有瑕疵，甚至證人也弄錯事實，仍然不能構成誹謗。

如果我國有這樣明晰的法律原則，新新聞週刊從社長、總編輯到責任編輯，或者謝啟大、馮滬祥兩位前立委，可能都不致判罪。兩案仍在上訴期間，在事實與適用法條方面，我也不便多所議論，以免有藐視法庭之嫌。但僅就上週已判決公佈的部份而言，我國法官這種借箸代籌，替原告設想周到，不但判令被告須出資刊登或播報道歉啟事與判決書主文，還指定要登哪幾家報紙，找哪幾家電視台。恕我直言，不但世界各國從無類似先例，而且恐怕違反法庭的公正公平立場。

英美法下，判決被告已犯誹謗罪後，賠償可分為兩種：補償原告實際損失 (compensatory damages) 與懲罰性的賠償 (punitive damages)。兩者都以金錢表示。我大概是孤陋寡聞，從沒聽說或閱讀過國外有指定須在被告自營媒體之外，刊登或播放道歉啟事的先例。

法律之可貴，就在於它能辨明事實。呂副總統控告新新聞週刊，與李前總統夫人控告兩位前任立法委員，在台灣都是大新聞。雖然拖延了兩年，上星期判決後，各報都以大字標題在頭版報導，遠不止法官指定的四家。電視台更是一再重複播放這兩則新聞，外加叩應節目討論，曝光次數可說無法統計。我想全國民眾，除完全不看報也不看電視聽廣播的極少數外，可說人人都知道這兩案的判決結果了。法官為什麼還勒令被告去花這麼多冤枉錢，是為原告打抱不平呢？還是要儆戒新聞界不得效尤？

四、不能都怪外交部

（原刊九十一年十二月十六日聯合晚報）

陳水扁總統密訪印尼一事曝光後，總統府研究得失，取消原計畫，是正確的決定。然而仍有許多人不服，報載呂副總統與她身邊的人曾力主繼續照原訂日程出發，引起激辯。她的好友，人在台灣顯然並未參與此次接洽的印尼籍華裔律師孔海榮，更在報端放話，說「行政部門壞了大事」。這真是從何說起？

印尼對台灣的投資有興趣，卻畏首畏尾，不敢得罪中共。從這次事件的蛛絲馬跡看來，日惹省長原先以為憑他個人的聲望地位，可以邀請陳總統去雅加達走一遭，卻被印尼外交部擋了駕。雅加達郵報是印尼唯一的英文報，這條新聞的來源有兩種可能：其一是印尼外交部透露給該報外交記者，使中共提出緊急抗議，雅加達中央政府再據以迫使省長就範。其二是省長自知辦不成了，故意透露消息，以便向台灣交代說：你瞧，我已經盡力了，都是記者闖的禍！

無論如何，陳總統這次被迫取消印尼闖關之行，既非台灣媒體的過失，也不能怪罪外交系統。孔海榮想來必定深通印尼法律，在雅加達也頗吃得開，他對中華民國的善意更無容懷疑。但一介華僑對國內錯綜複雜的政治究竟認識有限，昨天他接受各報記者訪問時，公開指責「台灣內部有人扯後腿，與政黨無關，是行政部門無法配合」等等，顯然是別人灌輸給他的觀念。幕後何人，已經呼之欲出了。

國安系統與外交系統間容或存有摩擦。但就這次事件而言，明顯地國安會與外交部意見相同，同樣站在穩健與謹慎這一邊。只是有些人，每逢出錯就拿外交系統做出氣筒，怪這怪那，既與事實不符，更非輔佐元首之道。

五、馬英九現象……政客們該覺悟了

（原刊九十一年十二月十一日聯合報）

人民的智慧已遠遠超越政客所能理解！人民對昨非今是的政客已厭惡到極點！

擾攘數月的北高市長與議員選舉落幕後，媒體尤其是電視叩應節目主持人，或許因為找不到更新鮮的話題，這幾天翻來覆去地在推測：還有一年半的總統選舉，誰該配誰，誰的民調支持度比誰高。言外之意，彷彿台灣人民完全不在乎當前的經濟困境、中東戰雲、教改、水荒、或藥師管理等切身關係的議題；只以下屆總統人選為念。真是如此嗎？

馬英九市長一下子成了媒體的新寵兒。記者整天追著他，逼問對二〇〇四年大選的規劃。但馬英九總是不改初衷，永遠拿那兩句老話回答。媒體總認為那只是早就準備好的推託之辭，沒想到那正是造成「馬英九現象」的真正原因。只是政客們視而不見，媒體又聽慣了虛假的政治語言，以致很少人注意到這個現象背後所傳達的訊息。

台灣人民十幾年來被無恥的政治人物騙來騙去，原有的正義感與道德觀念幾乎全被遺忘了。投票過後，只看民進黨小金主之一的蘇惠珍抖出骯髒內幕，謝長廷與余陳月瑛先則絕口否認，繼而天天改個說法，前言不對後語，至今還未見「陳青天」部長下令嚴辦。民進黨前主席施明德回憶當年劉泰英奉命，企圖以每年一億五千萬元收買他，李前總統居然在公開場合只以「亂講」兩字搪塞，而且面不改色，談笑自如。令人不得不興歎，中華民國還有沒有是非與道德的標準？還有沒有懲治貪官污吏與玩法弄法者的機制存在？

如果民意測驗有這樣一個問題：「對這件撲朔迷離的案子，你是相信施明德前主席的話，還是相信李登輝前總統的話呢？」我敢斷言百分之九十以上的受訪者，不論黨派或政治理念如何，都會相信施明德所講的才是事實真相。美國法律下，不但行賄未遂觸犯刑責；而且構成行賄的對象，不以官員為限；美國商人即使在國外向外國客戶行賄，也是犯法的。我國刑法雖然尚無這麼嚴格，社會公論仍可鞭策立法院向這方面修正，但那是題外話了。

馬英九既不懂如何煽動群眾，又不太會作秀。比起民進黨傾巢而出的造勢晚會，馬市長的幾場晚會顯然並不出色，對他的得票率卻沒有影響。選戰之初，民進黨高層包括陳總統在內，毫無忌憚地用「香港腳」、「台北特首」之類的語言攻擊他。有人認為馬市長過份軟弱，挨罵也不敢還嘴；但也有人說，他從小受的家教就是口不出惡言，即使逼他還罵，他也不懂得如何啟齒；他如果開罵，他就不像馬英九了。高雄市黃俊英雖然輸了選舉，獲票數卻只差謝長廷兩萬多票。原因固然很多，我想其中定包括他老老實實做人的態度，給人清新的感覺。

這種清新感正是形成馬英九現象的主因。政客們應該覺悟，台灣實施民主幾十年來，這條路儘管走得東倒西歪，十分辛苦，遙遠的目標卻仍然尚未迷失。人民的智慧遠遠超越過氣政客所能理解的程度，他們早已摒棄譁眾取寵、分裂族群的口號，投人而不投黨了。國親兩黨仍在爭誰是泛藍主流，其實有點多餘。馬英九在台北市八十七萬多票的成績，與其歸功於他的個人魅力，或哪個政黨的支持，不如把帳記在選民的睿智判斷，還更近事實。

美國有句諺語：「你有時可以騙過所有的人，你也可以在所有的時候騙過一部份人；但你不能在所有的時候騙過所有的人。(You can fool all of the people some of the time, you can also fool some of the people all of the time, but you can’t fool all of the people all of the time.)」台灣人民對昨非今是，或口是心非的政客已經厭惡到極點。今後任何選舉，候選人的道德操守才是當選的不二法門，而執政能力絕對比口才或知名度更為重要。我為台灣民主逐漸成熟而慶幸，我也為國家的前途感到振奮。

六、讀《楊振寧傳》有感

（原刊九十一年十二月號歷史月刊第一七九期）

學術與政治猶如水與油，不應混在一起。

《楊振寧傳——規範與對稱之美》出版，為傳記文學又樹立了一塊里程碑。作者江才健先生窮四年之功，上天入地蒐集各方資料，寫成這本「未經授權」的傳記，用功之勤與鑽研之深，令人欽服。楊先生學術上的成就自然是所有華人的驕傲。他「生於憂患，成長於中國積弱之秋，心懷家國之痛，多少繼承了五四餘緒」（李遠哲序中語），早年也曾贏得我與許多朋友發自心底的認同。

但是我在美國最後幾年，亦即一九七〇年代末期，他忽然擔任所謂「全美華人協會（National Association of Chinese-Americans）」的會長，以他諾貝爾桂冠的學術地位，替北京作起政治宣傳，令當時所有反共的中國人錯愕萬分。江著第十一章〈有生應感國恩宏〉曾略微提到此事，說「他認為美國和中國交流符合雙方的利益」（第三五三頁），所以接受了這個職務。這一章也指出楊在文革時去大陸，回來後演講盛讚新中國的建設，被朋友們認為「過份天真」和「有點幼稚」

（第三四五頁）。若非當年身歷其境的人，難以切身感受以楊振寧的聲望，對當時兩岸外交拉鋸戰所產生的重大影響。

這個會其實是中共透過龍雲的兒子，在華府開設餐館的龍繩文一手操縱的傀儡團體。一九七七那年裡，它在全美各大報紙，從紐約時報、華盛頓郵報、芝加哥論壇報，到洛杉磯時報、舊金山記事報、火奴魯魯星報等十餘家大報，不惜巨資購買全版廣告，刊登以該會名義致卡特總統的公開信。這份標題橫跨全頁的訴求很簡單：「立即承認中國！(Recognize China Now!)」我至今還保存著一份這張二十五年前的報紙。

那時卡特鑑於參議院保守勢力強大，還有些舉棋不定。第二年，楊振寧帶領該會重要人物，到白宮向國家安全會議負責中國問題的奧克森堡遊說。雖說布里辛斯基與奧克森堡原就向「正常化」傾斜，楊振寧的學術地位使他們能冠冕堂皇地引述「全美華人協會」的意見，認為那就代表了全美華僑，置各地傳統僑社領袖的中華公所與中華總公會於不顧，確實在三邊關係的緊要關頭，發揮了相當作用。一九七九年一月底鄧小平訪美，在華盛頓希爾頓旅館的盛大歡迎宴會，也由楊振寧擔任主席，讓鄧出盡鋒頭。以上這些都是事實。但我寫此文的目的，並非要翻楊先生的陳年舊帳來質難他。美國與中共建交後第八年，一九八六年楊振寧初次來台出席中研院院士會議，蔣經國總統親自接見他，其象徵意義就是中華民國政府已經諒解他之前的行為與心情。而且除一九七七與七八那兩年以美國人身分為大陸遊說外，他似乎也未做過其他傷害台灣的事。正因為我尊敬楊振寧的學問與心懷故國的情操，才更使我深切地感覺一個真理，即無論是誰，一個人在學術上的崇高造詣，與他對現實政治的認識或警覺性，不應該也絕不能劃上等號。

中國傳統思想裡，讀書人以天下為己任，本是天經地義的事。但很多人忘記了，那只在以策論取士的科舉時代，讀半部《論語》就可治天下的儒家社會裡，才能言之成理。今日已是民主多元世界，政治、經濟、社會、文化、種族、宗教、科技各項因素互相糾纏，複雜萬分。大家公認在某一領域出類拔萃的人物，在另一門學問上，可能比白癡高明不了多少。這樣的事例不勝枚舉。電影迷們一定記得秀莉・麥克蓮(Shirley MacLaine)，她曾應中共邀請率領一個婦女代表團去訪問，被江青騙得暈頭轉向，回美後到處演講，稱頌文化大革命改變了古老的中國，還製作了一部《女人撐起半爿天》記錄片，同時放映。一九七四到一九七六年間，這位金像獎大明星給過我無數頭痛與困擾。直到四人幫垮台，江青入獄，麥克蓮才銷聲匿跡。

中國人幾千年尊重學識的傳統，在今日台灣社會裡造成了無論在哪項專長有些成就，便自認樣樣都精通的怪現象。只要掛個博士或教授頭銜，縱使自稱的專業與討論題目毫無關連，照樣放言無忌；受到質疑時，還可大罵別人不尊重學術自由。流風所及，幾位意識形態相近的人組織個什麼社，便可蒙混視聽，走政治正確路線，謀個一官半職。這類人物與楊振寧純出於愛國動機，而且只有奉獻，從無干求的高尚情操，有哪一點能相比擬?學術猶如清泉，必須保持純潔。政治則像是油，不管拿來燒菜或作為燃料，總帶一點腥氣。為國家前途著想，這兩樣東西不應該混在一起。台灣的民主要有前途，也不容許它們繼續混淆下去。

七、江澤民丟出變化球　美台怎麼接？

（原刊九十一年十一月廿五日聯合報）

我對外交與兩岸政策，更須把握主動權，別把雞蛋都放在美國那隻籃子裡。

上月廿七日，布江會剛結束，「民意論壇」刊登過我一篇投書，引述紐約時報的報導，指出美國政府對大陸姿態有鮮明的轉變，呼籲我國朝野切勿輕忽它深遠的影響。果然，此次程建人代表返國述職，帶回了驚人的訊息。以程代表數十年的外交經驗，他在立法院外交委員會答詢時，如果事先未向高層報告，決不會隨便透露這麼敏感的外交機密。他證實了江澤民在德州克勞福小布希農場單獨會談時，曾拋出一個變化球。江澤民問布希：假如中共將瞄準台灣的短程飛彈後撤，換取美國減少對台軍售的質與量，美國意下如何呢？

程代表也間接地暗示，美方事前從沒想到，江澤民會這樣單刀直入地試探美國的態度。他說雙方僅僅點到為止，並未深入交換意見，我相信他的話絕對可靠。外交本來就有虛虛實實的一面，上月的布江會，兩人在農場除參觀及用餐外，真正談話不過一個半小時，扣去翻譯只剩下四十五分鐘。而交換意見的範圍，從北韓到伊拉克，從人權問題到限制核武擴散，包括了太多不同的話題。高峰會議裡，向來只能提綱挈要，各自表述一番。尤其如有新的題目，禮貌上也要等對手方有時間消化之後，留待外交部長或更低一級的工作階層先去仔細研究。元首外交本來就如同唱戲，要等劇本寫好後，主角們才上台照本演出一番。嚴格說來，這則消息到此刻為止，還只是一個警訊，美國既未表示接受或不接受，也不致立刻向我國施壓。任何猜測之詞，今天都還言之過早，不必馬上就大驚小怪。

真正使我擔心的是，美國似乎並未把江澤民提出的試探性建議，當作耳邊風。前任國防部長裴利率領的美中關係全國委員會訪問團，前幾天在台灣，並未受到十分重視。這批人目前正在北京，拜訪大陸新舊兩代領導人。這個委員會從六〇年代後期起，就是國務院的外圍機構，經費由國務院直接補助。這次訪問團網羅了這麼多重量級成員，尤其有前參謀首長聯席會議主席、海灣戰爭時聯軍統帥沙利卡希維里將軍在內，內情決不簡單。我幾乎可以斷定，訪問團經費出自國務院補貼，而其隱藏目的之一，就是測試中共的真正意圖，回華府報告，作為美國隨時修訂對大中華地區整體政策的參考。

平心靜氣來看，以撤除飛彈換取美國減少對台軍售，有讓步的虛像，卻對中共對台真正意圖，並無太大損失。短程飛彈不如洲際飛彈那麼笨重，它只要重型卡車就可搬運，今天撤走，明天就能搬回來。以軍用超級電腦的計算速度，換個地點後不消幾小時就可重新設定導引攻擊目標。就外交手腕而言，我們不得不承認中共下了一著好棋。尤其台灣目前舉國上下贊成三通之時，台獨基本教義派能拿來抵擋民間強大壓力的，只剩下對岸仍有三四百枚飛彈對準台灣這一條理由。江澤民釜底抽薪的這一招，豈但對美國有點吸引力，從民進黨與台聯黨死命抗拒任何改善兩岸關係的底線看來，還真有點難以招架。

美國會怎樣接這個變化球，台灣著力點不大，很難有決定性的影響。我們自己的短期反應，卻不必太緊張。美國外交政策的演變向來需要很長時間，等兩黨領袖、政治與學術界、乃至智庫與傳播媒體都達成共識後，才會發生基本變化。但從國家利害考慮，美國對台軍售必須維持足夠的品質與數量，是台灣生死存亡之所繫。雷根總統當年簽訂八一七公報，險些破壞了台灣關係法的立法精神。我們費了好大力氣，在美國換了幾任總統後，才勉強扳了回來。以今比昔，我國決不可大意，才能避免歷史重演。

從長遠角度來看，江澤民出其不意的提議，我國無論朝野，事先都未曾料想到。對於全副精神貫注在北高市長選舉，乃至農民上街遊行的扁政府而言，它應該發揮晴天霹靂的作用，再一次提醒陳總統，我國必須有自己的外交與兩岸政策，更必須把握主動權，不能把所有的雞蛋，都放在美國那隻籃子裡。

八、如果大陸持續高成長　台灣繼續沉淪

（原刊九十一年十一月十九日聯合報）

大陸第四代領導人與我會有什麼樣的互動？今後五到十年台灣應怎樣調整策略？

中共十六大結束，新領導班底出爐後，此間媒體無不猜測大陸對台政策有無變化，或解讀江澤民究竟是全退或只放一半手。看法各有千秋，卻錯過最重要關鍵，那就是從兩岸關係消長的對比上，去考慮今後五年到十年裡，大陸第四代領導人與我們會有什麼樣的互動，以及台灣應該怎樣調整策略，去應付這個新局面。

以胡錦濤為首的九個人，有什麼共同點呢？第一，他們中間無人參加過紅軍二萬五千里長征，沒人在江西瑞金老紅區、陝北延安、或晉冀察邊區打過游擊。根據報上資料，好像也沒人曾參與過一九四五到四九年的國共內戰。相形之下，江澤民至少在一九四三年就參加地下黨領導的學生運動，更在大學畢業前，一九四六年加入中國共產黨。而這九個人雖在內戰期間出生，從他們懂事開始，中國就一直是共產黨的天下。他們對國民黨已經夠陌生，更別提民進黨了。

第二，他們沒一個是解放軍出身的，與第一代領導人除周恩來外，幾乎全部出身軍旅，形

成強烈的對比。雖說這是江澤民有意的安排，一方面維持中共「以黨領軍」傳統，另方面也使江自己留任中央軍委會主席更加振振有詞。在對台政策上被視為「鷹派」的解放軍，在政治局常委會裡連個代言人都沒有，值得注意。

第三，這九位常委沒一個土包子，全都受過四年正規大學教育，而且都是理工科畢業生。九人中清華大學佔了三分之一。教改在大陸尚未成為問題，高等教育仍採菁英主義。毫無疑問地，新領導班子將致力於經濟發展，目標是把中國導向世界級超強之路，在他們的優先次序裡，其它考慮都在其次了。

第四，看這批新政治局常委的從政資歷，最明顯的共通點就是他們在地方或中央機關的經驗，都集中在改革開放的經濟政策層面。對這些人無須再提「發展是硬道理」，因為他們早已身體力行了。這九人心知肚明，所謂「具有中國特色的社會主義市場經濟」只是國王的新衣，或共產黨的遮羞布。用現代術語說，他們都是「技術官僚」，而非熟諳辯證法理論的黨棍子；其共同特徵是務實、求新求變，而在過程中確保共產黨政權不會動搖。

這九人本月十五日在人民大會堂東大廳亮相，令人印象深刻。不過，我想到的是這場戲何其新鮮，因為終毛澤東一生，他指定的繼承人沒一個曾得善終。由他欽點，第一個做到國家主席的劉少奇，文革時受盡侮辱，最後在獄中病故。第二個號稱老毛「親密戰友」的林彪，謀刺失敗，倉皇出走，在外蒙墜機身亡。第三名華國鋒，只做了幾天就被鄧小平架空，去職後沒有更倒楣，就算是他的福氣了。

在江澤民之前，做鄧小平的繼承人也必須先算算命。胡耀邦湊巧死在天安門事件前頭，才得倖免於難。趙紫陽太同情要求民主化的學生，因而丟官，沒賠上腦袋，也可算是一種進步。從一九八九年至今，這十三年的江澤民時代裡，國家副主席一職懸缺很久，最後才給了韜光隱晦的胡錦濤，是江聰明之處。這次更換領導班子能如此順理成章，和平轉移，對於還記得中共政權短短五十三年驚濤駭浪歷史的人，才真正是驚天動地的大改變。

幾天來大陸無論公營或私有傳播媒體，拚命宣揚十六大如何成功，稱之為「中國共產黨的偉大勝利」，看在台灣人眼裡，實在肉麻。但如換個角度估量，撇開民主與「無產階級專政」的差別不談，僅就「換個班子做做看」而言，恐怕難以否認像中共這次既未流一滴血，又不曾浪費社會資源的換班，在今日大陸條件下是最好的選擇。政治制度本無好壞之分，環境與條件決定一切。我們不能只從對岸究竟把三通當作國內或國際航線著眼，或拿有多少枚飛彈瞄準台灣做文章，更要在兩岸基本關係上看得深遠一些，才是當務之急。

創業難，守成也不易。江澤民的政績看來平淡無奇，大陸連老百姓都知道，有困難問題時，要靠朱鎔基做惡人去解決。這與老毛用周恩來做總理，如出一轍。但是江能把握住要點，掌穩國家大方向的舵，功不可沒。何謂中國的大方向，那就是對內在安定第一的前提下，緊緊抓住經濟發展；對外避免與美國衝突，營造區域強國的地位。與這兩項目標相比，台灣問題雖然重要，卻並無急迫性，儘可擱在一旁，慢慢再說。面對這樣的情勢，朝野應該冷靜地思考：如果大環境不變，大陸每年以百分之七點五的速度成長，國力日強；而台灣陷於政治互鬥、經濟沉淪、社會不安的泥淖中，五年十年後，我們將何以自處？這才是大陸更換領導班子後，我國面對的大難題。

九、美攻伊第二回合

（原刊九十一年十一月十日聯合晚報）

九月中旬，美國初次在聯合國安全理事會提出有關伊拉克決議草案時，布希總統信心滿滿地表示，安理會審查通過本案應該「指日可待」。到前晚通過美英所提第三次修正稿，卻已過了整整八個星期。儘管世界獨一無二的超級強國，也不得不在安理會耐心地聆聽別人高談闊論，忍耐著不敢爆發。

上週二的美國期中選舉，共和黨一反四十年來執政黨總要吃點小虧的歷史趨勢，大獲全勝，對布希總統的國際聲望自有幫助。此後兩天，布希頻頻與各理事國總統直接通話，把元首外交發揮得淋漓盡致。不但使最討厭的法國席拉克放棄反對，讓中共江澤民和俄國普亭就範，連向來對美國並不友善的敘利亞也不敢棄權。十五票對零票，顯示鮑爾國務卿設計的這隻「捕鼠器」還真管用。

布希固然未能達成初願，如果海珊仍不合作，美國將單獨決定是否對伊拉克用兵的極端主張。但換得安理會一致通過，還是值得的交易。從聯合國立場而言，這場爭執重新確立了它作為國際間唯一解決爭端組織的權威，避免重蹈當年國際聯盟被邊緣化的覆轍；這也是十個非常任理事國被迫都投贊成票的主要原因。

最大的輸家是伊拉克。比對這三次決議草案文字，顯見海珊過去玩弄的拖延手法，現在都無從使用了。雖然海珊咎由自取，安理會對一個主權國家通過如此嚴峻的決議案，國際法上從無先例。如果武檢團（UNMOVIC）或國際原子能組織（IAEA）查出伊拉克確實擁有核生化武器或製造設備或計畫，報告安理會，聯合國除通過用兵制裁外，沒有他路可走。大家且等著看檢查的結果吧。

十、蔣宋美齡戰時訪問美國的前前後後

（原刊九十一年十一月號歷史月刊第一七八期）

一九四二年，正值中國抗戰最艱苦的時刻，而美國採取「重歐輕亞」的政策，使國民政府無法獲得實質的援助。為了彌補實質支持的不足，美國總統羅斯福決定邀請蔣夫人宋美齡女士赴美訪問，拜會美國朝野各界。這場中華民國史無前例的元首夫人外交，不僅扭轉了美國人對華人的印象，使我國贏得美國的尊重，更凝聚了華僑的愛國熱情，意義非凡。

中華民族對日八年浴血抗戰中，最令人振奮的關鍵，莫過於民國三十年（一九四一年）十二月七日（在重慶是八日），日本突襲珍珠港雖然大勝，卻把歐、亞兩洲對抗軸心國家的戰爭合而為一，揭開第二次世界大戰之幕。次年元旦，二十六個同盟國家在華盛頓發表「聯合國宣言(Declaration of the United Nations)」，當時只是小羅斯福總統(Pres.Franklin Delano Roosevelt)個人的構想，意在鼓勵各國民心士氣，防阻單獨向德、義、日議和，聯合國的正式成立還要等四年多。同樣的，那年元月三日蔣委員長就任中國戰區盟軍總司令職務，名義上包括泰國、越南在內，也只是給中國老百姓打打氣，對全球戰局實際並無補益。

珍珠港事件之前，美國只以歐洲盟國的兵工廠自任，空談整軍備戰，實際差得還遠。國際輿論原本指望英國在亞洲駐有重兵，可以抵擋日本一陣。但大英帝國早被希特勒打得喘不過氣來。開戰第二天，日軍就佔領了關島和威克島，隨即登陸菲律賓與馬來亞。泰國見風轉舵，立即加入「大東亞共榮圈」，日軍兵不血刃進入曼谷。越南那時仍屬維琪法國（Vichy France）管轄，殖民地政府趕快開門揖盜，與日本成立所謂「軍事同盟」。英軍只在香港抵抗了一星期，新加坡拖了一個多月，兩地都以棄械投降結束。所以短短兩個多月裡，整個東南亞已全陷入皇軍手中，麥克阿瑟將軍困居澳洲，苦撐待援。日本拿下了菲律賓、馬來亞與荷屬東印度群島（今印尼）還不滿足，繼續進兵緬甸，切斷了中國對外水陸交通的管道，使外援更加難以抵達內地。

戰況如此不利，羅斯福總統在華府召開太平洋作戰會議，外受歐洲盟國尤其是英國的包圍，內有智囊哈利・霍浦金斯（Harry Hopkins）與參謀會議主席馬歇爾（Gen. George C. Marshall）獻策，決定了先歐後亞的大戰略，亦即先集中力量打敗納粹德國後，再轉回頭來對付日本。

在這個戰略前提下，美國所有能動員的兵員、武器都優先送往非洲，準備從反攻北非著手，下一步才以歐洲大陸為進攻目標。遠東被列為次要，對於太平洋戰區，只希望麥克阿瑟將軍能守住澳洲。對廣大的中國戰區，則指望蔣委員長能牽制住數達百萬的日本陸軍，不讓皇軍威脅夏威夷或美國綿長的西岸，如此而已。為了堅壁清野，羅斯福總統下令，把整個西海岸定為戰區(military zone)，根據這一認定，將西岸十萬以上的日裔美籍公民統統關入集中營。今天許多美國人認為此舉過份，但當時確曾獲得廣大支持。

美國藉歡迎表示歉意

老實說，大戰初期，美國對中華民國抗戰的支持，可用「口惠而實不至」來形容。美國朝野嘴上雖無法承認，心中卻對我國頗有歉意。軍事上幫不了忙，只能以財政協助彌補。一九四二年二月，國會通過以五億美元貸予中華民國；四月，我財政部以其中二億美元作為發行美金公債的準備金，解決了部份的財政困難，對戰況仍無助益。

那年七月，羅斯福派他的祕書居里(Lauchlin Currie)來重慶與蔣委員長會談。我國需要的是實質援助，而美國既無兵可派，連原駐印度的第十航空隊也要調往埃及，以準備反攻北非，居里把重慶不滿之意帶回了華府。八月二十二日，羅斯福總統初次函邀蔣夫人赴美訪問，雖未明言，意在希望以熱情歡迎，來彌補實質支持的不足。並且派與他連任競選失敗的共和黨總統候選人威爾基(Wendell Willkie)，以美總統特別代表身份訪華。威爾基在自傳裡說，他在重慶歡迎晚宴中，也正式邀請蔣夫人去美國一行。

促成訪美決定的另一因素，是蔣公夫婦的老朋友、時代生活雜誌(*Time-Life*)創辦人魯斯夫婦(Henry R. and Claire Boothe Luce)。魯斯出生於中國，與蔣公夫婦交情深厚。他那兩本雜誌在美國享有廣大讀者群。他勸蔣公說，如果夫人肯赴美一行，效果可抵三十個師的部隊。正巧九月十六日，羅斯福總統夫婦再度懇函蔣夫人，重申邀請。幾件事湊在一起，蔣公也感受到美方的誠意，事情才定了下來。

蔣夫人去美還有一個原因，當時從未公布。她在抗戰初期，常代表委員長到第一線慰勞國軍部隊。據說武漢會戰時，有次在前線恰巧遇到日機低飛轟炸掃射，座車因輪胎爆破傾覆，翻了幾個身，車門打開，她從車裡摔出來，折斷了兩根肋骨，脊椎骨也受了傷。戰時內地醫療條件欠佳，雖有名醫診治，拖了五年多未能痊癒。她又常常失眠，因吸菸而常引起氣管發炎。最困擾她的是多年纏綿不去的帶狀疱疹與蕁麻疹，所以決定去美訪問，最主要還是為了治病，其它考慮反居其次。

時代生活雜誌創辦人魯斯夫婦

九天的長途飛行

民國卅一年十一月十七日，蔣夫人乘環球航空公司（TWA）包機離開重慶，取道印度、南非、南美前往紐約。那架波音 307 型的老式螺旋槳客機只能在白天飛，速度既慢，又要躲避軸心國巡邏海上的戰鬥機，沿途飛了八天，到佛羅里達州棕櫚灘 (Palm Beach) 又休息了一天，廿六日才抵達紐約密契爾機場 (Mitchell Field)，羅斯福特派他的智囊霍浦金斯 (Harry Hopkins) 代表總統本人在機場迎接。霍浦金斯的角色很重要，當年美國政府組織簡單，他的地位以及與羅斯福個人的友誼，凌駕任何部長之上。如果在今日，他的頭銜應該是白宮幕僚長 (White House Chief of Staff)，但早年並無這個職稱。

從機場到曼哈頓島後，直接就住進哥倫比亞大學與長老會合辦、全美有名的教學醫院 (The Columbia Presbyterian Medical Center) 的哈克耐斯大樓 (Harkness Pavillion)。蔣夫人此行以治病為首要目的，可從她在醫院一住就是十一週，整整兩個半月得到證明。入院第二天，羅斯福夫人 (Eleanor Roosevelt) 從華盛頓搭乘六個多小時的火車，親自來醫院探視。此後白宮常常有電話來，噓寒問暖。

到第二年（一九四三年）二月十二日，健康大體恢復，蔣夫人才獲准出院。因為羅斯福夫婦堅邀，先到紐約市東南、面臨赫德遜河 (Hudson River)、風景如畫的小鎮海德公園 (Hyde Park) 羅斯福私邸裡去休息了六天，準備到國會的演講稿，六天裡易稿七次之多。我早年參觀這所改成羅斯福紀念圖書館的豪宅時，二樓一間臥房裡還掛著一塊牌子，上寫「蔣夫人曾睡在這裡 (Madame Chiang Kai-shek slept here)」，二十年後再去，就找不到了。

羅斯福夫婦車站親迎

二月十七日，蔣夫人由宋子文、孔令侃、孔令偉陪伴，坐美國總統專用的火車，由紐約經賓州鐵路 (Pennsylvania Railroad) 抵達華盛頓。羅斯福總統夫婦親自到聯邦車站 (Union Station) 迎接。這是天大的面子，因為在此之前，只有英王喬治六世（King George VI，今女王伊莉莎白二世之父）夫婦來美訪問，羅斯福夫婦才同樣地親迎於車站。羅斯福從小感染幼兒痲痹症，當時風氣不像如今開放，戰時尤其不能讓民眾感覺總統健康不佳。只要看所有羅氏出現在公共場合的照片，除最後一年外，都先由侍從扶持，等他站得直挺挺後，才准許攝影記者拍照，就可想見羅氏離開辦公室有多麼痲煩了。

在車站迎接的中方人員有大使魏道明夫婦、宋子文夫人、公使劉鍇、一等祕書崔存璘，與前任駐美大使施肇基等。羅斯福夫人由主管遠東事務的助理國務卿賀恩貝克 (Stanley Hornbeck) 陪同到專車上，迎接蔣夫人下車，回到總統候車室與羅氏會合。然後三人同乘一輛汽車，蔣夫人坐在中間，右邊是羅斯福總統，左邊是羅夫人，在萬眾夾道歡呼下，從車站循賓州大道 (Pennsylvania Avenue) 回到白宮。此後十一天，她由孔家兄妹陪同，就住在白宮二樓，成為總統夫婦的貴賓。除非羅氏另有公務，晚餐總和蔣夫人同桌進餐。

那年蔣夫人將滿四十六歲，氣質高貴，儀態萬方。孔令侃當時才廿六歲，哈佛大學畢業後剛修完碩士學位，英文雖好，經驗與識見究嫌不足。蔣夫人所有的演講稿都是她親自執筆的，無人可以代筆。

基於美國傳統，總統代表行政權，而國會象徵立法權，總統除每年發表國情咨文外，不輕易到國會，所以二月十八日早晨，她由羅斯福夫人陪伴，抵達國會山莊（The Capitol）後，先到參議院向全體參議員致意，然後才去眾議院議長辦公室休息片刻。等參議員們擠進眾院議場，全體閣員與外交團也都就座後，才由議長雷朋（Sam Rayburn）陪同蔣夫人進來，全場起立鼓掌了好幾分鐘，雷朋致簡短的介紹詞，她才開始那篇堪稱不朽的演講。

還不滿兩個月前，一九四二年十二月廿六日，英國邱吉爾首相是對美國國會兩院聯席會議演講的第一人。邱氏講完後，伸出兩指作V字狀，贏得了滿堂彩。蔣夫人繼這麼一位辯才無礙，備受尊敬的大政治家後塵，步上同一個舉世矚目的講台，心理上的壓力可以想像。換了常人，照祕書所擬的文稿讀上一遍，只能換得禮貌性的掌聲而已。幸虧她在海德公園羅氏私邸裡，苦思如何措詞用字幾天，運用她在美國受教育期間對人民心理的深刻瞭解，蔣夫人決定把中華民國孤軍奮戰，抵抗日本侵略四年半的事實，留到後半段再提。這種做法或許有異俗套，但卻是她天賦聰明的表現。

國會演說的構思

她把演講開始最重要的部分，拿來描寫她從重慶飛到紐約，沿途所見美軍營地的印象，把他們的愛國情操，與不分種族一致為民主自由而戰的精神，形容得恰到好處。她並未歌頌英雄，她只敘述這些遠處地球彼端的美軍每天刻板的生活，吃罐頭口糧，等來等去的無聊與寂寞。她說：這些小人物對同盟國最後勝利的貢獻，絕不下於任何人，這番話點出美國民主的基本精神，打動了議員們的心靈，贏得滿堂掌聲。

從那裡她才引入外國人對日本侵略中國的印象。她說：抗戰開始時，全球軍事專家都認為中國決難抵抗裝備優良的日本皇軍。到日本未能使中國屈膝時，大家又說，先前過份高估了日本的實力。珍珠港事件後，日軍所向披靡，鐘擺又回到另一個極端，許多人簡直把日本看成尼采式的超人，無可抵禦。然後她話題一轉說，現在民意又轉變了一百八十度，認為希特勒才是最大的敵人，日本再度變成次要目標了。她並未批評哪種看法對，哪種觀點錯誤，但從這番歷史性的回顧裡，

蔣宋美齡在國會演講前，眾議院議長雷朋（上右）致介紹詞

聽眾能完全感受到她對同盟國全球大戰略的疑慮。

外交本來就是一種藝術，同盟國重歐輕亞的策略，早受美國輿論普遍支持，無人能再旋乾轉坤。但站在中華民國立場，她又不能不表示我國有不同的意見。這篇演講裡，蔣夫人把輕重拿捏得不偏不倚，贏得了在場所有議員、部長與外交團的敬佩，又不曾使地主國感到難堪。若無女性精巧細微的心思，這是很難達成的。有這樣婉轉的內容，加上她不疾不徐、略帶南方口音的美語，娓娓道來，終結時全場自動起立鼓掌，有十餘分鐘之久。就是這場演講使她瞬間成名，幾十年後仍保持世界上最受愛戴女性之一的紀錄。

她步下講壇的那一刻，堪稱歷史鏡頭。民主、共和兩黨國會領袖、各部部長、主要國家的大使們蜂擁而前，只想與蔣夫人握個手。好不容易離開議事廳，蔣夫人由羅斯福夫人陪同，再回到參議院那一邊，與華萊斯副總統 (Henry A. Wallace)、兩黨領袖與參院外交委員會全體委員共進午餐，這是對參議院依照美國憲法擁有外交諮詢權的尊重。

蔣宋美齡在美國國會演說盛況

配合訪問　對美外交新部署

珍珠港事件整個改變了世界局勢，國民政府必須重新釐清對外關係，作全盤部署。民國三十年十二月廿三日，林森主席任命在美負責國防採購團 (China Defense Supplies)、爭取物資援助的宋子文為外交部長，取代王寵惠。並且明令在宋子文未返國前，職務由軍事委員會委員長蔣中正暫時兼代。這並非名義上的代理，據我所知，蔣公那時確實每天會到外交部批閱公文。

一九四二年初，美國國會通過對華貸款五億美元，這樁案子與宋氏和美國財政部長摩根索 (Henry Morganthau) 的多年交情，不無關係。六月二日，宋子文在華府與美國國務卿赫爾 (Cordell Hull) 簽署中美戰時互助協定。同月廿二日，他在白宮參加羅斯福與邱吉爾的會談，討論中國戰區有關問題。美國把原駐印度的第十航空隊調往埃及，也是他奉命請見羅斯福總統交涉。十月九日，美國國務卿宣布放棄治外法權，願與中國簽訂平等新約，次年一月成為事實，洗雪了百年來「次殖民地」的恥辱，都是蔣委員長兼代外交部長期間發生的大事。

直到民國卅一年十月廿八日，宋子文才回到重慶，正式到外交部視事。一位外長在任命後停留國外達十個月之久，雖然因戰事關係，交通不便，在各國史上仍很少見。

駐美大使胡適，此時任職也已四年。卅一年九月，政府調駐法大使魏道明為駐美大使，當月廿一日魏氏就趕到華府，夫人鄭毓秀隨行。蔣夫人到美國後，陪同人員除外甥孔令侃、甥女孔令偉外，鄭毓秀也時刻在旁。華盛頓演講後，董顯光奉命趕來協助有關新聞事宜。駐英大使顧維鈞到最後才參加美西行程。

效應遠超意料之外

第二天，全美大小報紙都以蔣夫人在國會演說，作為第一版的頭條新聞。紐約時報與華盛頓星報更以橫跨全版的標題配合大號照片報導。我猜想連遠在重慶的蔣公本人也不曾預料到，夫人會在美國造成如此轟動。因為第二天，政府急派負責國際宣傳的中宣部副部長董顯光趕赴紐約，協助處理新聞工作，董氏也飛了一星期才抵美。

二月十九日，蔣夫人在白宮舉行記者會，羅斯福總統親自主持並作介紹。二百餘名來自世界各國的記者不是好惹的，他們的發問雖然含蓄，仍甚尖銳。有人懷疑中國的龐大人力資源尚未完全動員，意在暗示國軍把部份兵力浪費在包圍中共的第八路軍，而非用於對日作戰。蔣夫人當然聽得懂這絃外之音，義正詞嚴地回答說，中國並不缺少人力，所缺的只是飛機與其它武器。幸好因為記者眾多，每人只能提問一次，那人無從再追問下去。

四兩撥千斤的結果，話題自動轉移到美國軍援上去。記者追問有關對華武器供應的問題，羅斯福總統說美國正竭全力運送急需裝備到中國去，但路途遙遠又有日寇封鎖，能否運到目的地就要看上帝了。蔣夫人趕快插嘴，引用俗語「天助自助者」(God helps those who help themselves)，替羅斯福總統解圍，充分表現她的機智與敏捷。其它都是些錦上添花的問題，如戰後和平會議應不應該有女性代表之類，夫人不慌不忙地一一作答，皆大歡喜。

二月廿二日是美國國父華盛頓誕辰紀念，羅斯福總統夫婦親自陪同蔣夫人先到阿靈頓國家公墓(Arlington National Cemetery)，向無名英雄墓獻花致敬。花圈是用蔣委員長名義致送的。因為有美國總統夫婦在場，儀式隆重。樂隊先奏中國國歌，儀仗隊鳴禮砲廿一響，獻花後肅立默禱，樂隊再奏美國國歌後禮成。一行於是再驅車到佛農山(Mount Vernon)的華盛頓故居。平時深鎖的華盛頓墳墓的鐵門特別打開，先由羅斯福夫人進去獻花，再由蔣夫人獻上委員長名義的花圈。那天晚上，羅斯福總統向全美廣播演講，有張照片

蔣宋美齡訪美期間，羅斯福總統暨夫人陪同至美國開國總統華盛頓墓園致敬。

顯示蔣夫人就坐在旁邊，與霍浦金斯在交談。

二月廿六日，魏道明大使夫婦為歡迎蔣夫人，在現已關閉多年的蘇咸大飯店(Southam Hotel)舉行酒會，被譽為戰時華府最盛大的社交聚會。請帖只發了兩千張，賓客卻來了四千人，來賓排成一條長龍，等候向她握手致意，貴賓與主人都無暇喝一口水。難怪三月一日出版的時代週刊，再次把蔣夫人作為封面人物。

紐約比華府更熱情

二月廿八日，蔣夫人乘夜車返回紐約。三月一日上午九時抵達三十四街的賓州車站。市長拉瓜地亞(Fiorello La-Guardia)、我駐紐約總領事于焌吉與美東各地僑領齊往迎接。車站外同樣擠滿了希望一瞻手采的美國人。在華爾道夫大飯店(Waldorf-Astoria Hotel)休息一晚後，二日午前，蔣夫人到紐約市政廳參加市長的歡迎會。市政廳前的廣場原只能容納七、八千人，那天卻擠滿萬餘群眾。歷史性建築的市府內部太狹窄，拉瓜地亞市長特別在府前廣場搭建起一

紐約市政廳舉行歡迎蔣夫人大會上，擠滿群眾

座高台，讓圍觀的萬餘市民能看得見蔣夫人。天氣寒冷，她只講了十分鐘話，感謝美國人民對中華民國的熱情援助，聽眾也很滿意了。

然後蔣夫人一行由拉瓜地亞市長親自陪同，從市政廳續往紐約華埠 (Chinatown)。由運河街 (Canal Street) 轉入勿街 (Mott Street) 路口起，華僑們已經等候了一個多小時。中華公所大禮堂內，從匹茨堡 (Pittsburgh) 到紐海文 (New Haven)，從費城 (Philadelphia) 到巴爾的摩 (Baltimore)，只有新英格蘭地區十四個城市的僑團、婦女團體與僑校推選出來的代表，才能入內聽她首次對旅美華僑講話。她用略帶上海口音的國語說，過去美國教育程度不高的白人，把華人稱作 Chinaman，語帶侮辱。中國現在是同盟國重要一份子，華僑要自己爭氣，革除不良習慣，做個好公民，才能贏得尊敬與平等。

為滿足華僑的熱情，三月三日下午，總領事館又安排在紐約西五十七街，能容納三千餘人的卡內基音樂廳 (Carnegie Hall)，舉行全僑歡迎大會，魏道明大使夫婦從華府趕來參加。那天紐約風雪交加，無法入內的僑胞卻寧可在場外等候，也不願散去，她出門時看見，心裡極為不忍，只能從車窗裡向大家招手，表示謝意。

在紐約的重頭戲，是那晚在麥迪遜花園廣場 (Madison Square Garden) 的歡迎大會，這是全紐約最大的集會場所，容量兩萬餘人，照樣擠得水洩不通。魯斯在幕後策動，請到了石油大王洛基斐勒 (John D. Rockefeller, Jr.) 擔任大會主席，不但美國工商業鉅子雲集，新英格蘭九個州的州長包括紐約州長、一年後與羅斯福競選失敗的杜威 (Thomas E. Dewey)，也一個不缺。他們輪流上台，好像是場演講比賽，其實都在借蔣夫人的光環，為自己增加能見度。曾訪華的上屆共和黨總統候選人威爾基也來捧場。拉瓜地亞市長的介紹詞最簡單，他只講了兩分鐘，以高呼：「蔣夫人，我們愛你！(Madame Chiang, we love you!)」作結。

董顯光趕到紐約後，三月四日下午先陪蔣夫人在華爾道夫飯店舉行記者會，又有一百餘名記者參加，問題無所不包，都被夫人從容應付過去。五時半，總領事于焌吉在同一地點舉行歡迎酒會，到場賓客一千二百人。一連這麼多的節目，再好的身體也會覺得勞累，因此三月五日，她特別派董顯光代表她本人，去紐約中華公所向齊集的美東各地華僑領袖致意。

廿六年後重返母校

蔣夫人十一歲就隨兩姊赴美求學，先在喬治亞州梅康市 (Macon, Georgia)，後去同州的匹德門 (Piedmont) 讀書。十六歲時遷居麻薩諸塞州 (Massachusetts) 的威爾斯萊鎮，進入同名的女子學院 (Wellesley College)，這是美國著名的女子高等學府，所謂「七姊妹」的貴族學校之一。四年級時，她曾贏得難度極高的杜蘭獎學金 (Durant Scholarship)。一九一七年她才二十歲，以最優異成績畢業。許多傳記說她曾就讀過梅康市的衛斯理安學院 (Wesleyan College)，她兩個姊姊確實都從衛斯理安畢業。威爾斯萊學院或許出於嫉妒，堅決否認她進入該校時，曾從任何其他學校帶來轉學的學分。

她回國後，與母校的聯繫從未間斷。一九三七年時代週刊選擇蔣公夫婦為年度風雲人物後，威爾斯萊學院的一九三八年班曾票選她為名譽級友。一九四二年六月，她那班同學返校紀念畢業廿五週年，學校特別頒給她榮譽博士學位，由當時駐美大使胡適代為接受，並在畢業典禮上致詞。現在蔣夫人果然到美國來了，威爾斯萊學院當然不肯放棄這個機會，堅邀她回校訪問，無法推辭。陪伴她返校的除孔令侃外，還有駐美大使館武官朱世明的夫人謝文秋，因為謝也是威爾斯萊學院的校友。

三月六日，蔣夫人一行仍乘美國總統的專車，從紐約抵達波士頓。麻州天氣嚴寒，那天又逢大風雪，她原本不想驚動僑胞，但從波士頓南車站坐汽車路經華埠時，看見許多僑胞冒雪站立街頭，只為能看她一眼，立即答應延長行程，在波士頓多留一天，與僑胞會晤。

抵達威爾斯萊學院時，她特別要車隊緩行，讓她能看一眼曾住過三年、叫做木屋（The Wood Cottage）的學生宿舍。校長麥艾妃（Mildred A. McAfee）早就邀來了一九一七年同班畢業的八十多位校友返校，參加那晚非正式的重聚與晚餐，見面時蔣夫人居然能叫出約莫一半人的姓名。

三月七日早晨，麥艾妃校長陪蔣夫人在校園散步，回憶當年的學生生活。地面積雪未融，蔣夫人怕冷，穿了黑色長褲。美國在四〇年代風氣還很保守，依照威爾斯萊的校規，女生必須著裙，不准穿褲裝。頑皮的學生趁機向校長要求更改這項禁令，麥艾妃答得也妙，她說：如果你們穿了長褲也有蔣夫人那麼漂亮，就可以穿。這條規定後來就無形取消了。

她那天向威爾斯萊女子學院全體師生與校友的演講，充滿女權主義的精神。蔣夫人列舉英、美兩國爭取男女平權的先驅者，鼓勵學生們要合群、謙恭、努力向學。講詞的第一句是「強烈的情感往往使人語不成句 (Strong emotions often tend to render one inarticulate)」，話剛出口，她看來幾乎要暈倒，旁邊的人趕快攙扶住她，送上嗅鹽，過了一下才恢復寧靜，讀完講稿。威爾斯萊之旅帶來太多回憶，使她在校園停留時間較預定多了九小時，最後依依不捨地離開。

波士頓臨時增添節目

雖然只有兩天時間籌備，波士頓市政府歡迎蔣夫人的群眾大會，仍選在有二千多座位的音樂廳 (Boston Symphony Hall) 舉行。粥少僧多，華僑只分到八百張票，好幾百位拿不到票的人寧可冒雪站在廳外，高喊「我們要蔣夫人！(We want the Missimo!)」。這是因為西班牙文裡，字末綴以 -issimo 有「最」的意思。外國記者稱蔣委員長為 Generalissimo，簡化變成 Gimo；因此又演化出個新字，管蔣夫人叫 Missimo。雖然並無惡意，但只能在私人談話中偶爾使用，這個字在正式場合是不登大雅之堂的。

那晚到場除麻薩諸塞與鄰近幾州的州長外，由波士頓市長擔任主席。他當場送給蔣夫人一張八萬八千美元的支票，作為救濟中國難民之用。不要忘記那是五十九年前的幣值，當時一輛福特汽車還不滿五百元呢。此後各站，美國人民捐款愈來愈多，隱然有互相競賽的味道。芝加哥捐了十萬美元，舊金山超過了芝加哥，而洛杉磯又超過舊金山。

真正慷慨解囊的還有各地華僑，他們忍受了多少年有意無意的種族歧視，如今才首次感覺到做中國人的驕傲。從洗衣館到雜貨店，從老華僑到小學生，凡有華人聚居的地方，都有華僑救國會的組織。他們捐出的血汗錢，數額雖不能與美國工商界的聯合援華會 (United China Relief) 相比擬，卻蘊藏有更深的含義。蔣夫人每到一地，不論多麼疲累，堅持要與華僑聚晤，就是她深受感動的表現。

從二月中在華盛頓演講開始，駐美大使館與各地總領館每天都收到無數美國人民來信，表示對中國人民奮戰不屈精神的欽佩，許多還附有小額捐款支票。各館起初還想逐一覆謝，但雪球愈滾愈大，眼看每天幾十大包的郵件，無法應付，最後只好都送交聯合援華會，請他們代為處理。

從芝加哥到舊金山

二次大戰期間，美國國內民航事業尚未普及，幸虧羅斯福總統把他的專用火車借給蔣夫人使用。三月十九日，蔣夫人一行由紐約抵達芝加哥。熱情的兩國民眾一小時前就擠滿了火車站前預先搭建高台的廣場。伊利諾州州長葛林 (Dwight Green)、市長凱利 (Edward J. Kelley)、我總領事陳長樂等接她下車，步上講台。凱利市長向她呈獻鍍金的市鑰時說，歡迎來到美中樞紐的芝加哥市，您現在是芝加哥的榮譽市民了。她的答詞也很簡練，說希望能用這把鑰匙，打開世人的心胸。

芝加哥的三天行程，同樣排得異常緊湊。總領事館酒會與記者招待會就在她下榻的德瑞克大旅社 (The Drake Hotel) 舉行。與美國中部各州華僑代表在華埠的安良工商總會禮堂見面。三月廿二日晚間的歡迎大會則選在芝加哥最大的室內球場 (Chicago Stadium) 舉行，聽眾超過二萬五千人。在芝加哥的演講內容，著重中西文化相同之處，和它們與世界和平的關係。那晚除伊利諾州外，威斯康辛、愛奧華、尼布拉斯加各州州長都到齊。從芝加哥開始，當地政府為爭奇鬥勝，競相安排美國陸、海、空軍單位派遣儀仗隊到場表現軍威並維持秩序，軍樂隊演奏娛賓，兼收戰時鼓舞民心的作用。

那列曾借供英王伉儷與荷蘭女王乘坐的專車離開芝加哥後，三月廿五日抵達加州屋克崙 (Oakland) 車站。加州州長、後來成為美國最高法院院長的華倫 (Earl Warren) 率領舊金山（當時稱三藩市）與屋克崙市長、駐軍首長、以及我總領事馮執正等迎接，換乘美國海軍汽艇，到舊金山的第十四號碼頭。停泊在舊金山灣裡的大小輪船，在她登岸時齊鳴汽笛，表示歡迎。市政府的樂隊奏中、美兩國國歌，完全是迎接外國元首的儀節。

華倫州長陪她坐車到皇宮大旅社 (Palace Hotel)，稍事休息，馬上到舊金山市政府，接受大遊行致敬。這是加州出奇制勝的花招，駐紮當地的海、陸、空軍、陸戰隊、海岸巡防隊 (Coast Guard)、婦女輔助隊 (Women's Auxiliary Force)、警察、消防隊，還有北加州各華僑學校師生。華人婦女團體製作了許多輛花車參加，圍觀者七萬人，整整走了七十分鐘。然後呈獻市鑰，蔣夫人答詞以金門大橋點題，非常貼切。

廿六日在皇宮大旅社的致敬晚宴，一千九百人報名參加，每人要繳十美元，當時足夠一家四口一週的菜錢，有二百七十五名侍者同時上菜。舊金山華僑眾多，在公民大禮堂 (Civic Auditorium) 的僑界歡迎會，八千九百多個座位還不夠容納，其餘只能在場外聆聽。蔣夫人曾特地到國父孫中山銅像去獻花。舊金山另一項與其它地點不同的節目，是到國際碼頭工會 (International Longshoreman's Union) 去演講，因為所有運往遠東的軍用物資，都從這裡裝船。五十九年後，上月美西「封港」對遠東各國造成重大經濟損失，可見碼頭工會的重要性。

「真絲床單」的真相

中國有句俗語說：「譽滿天下，而謗亦隨之。」蔣夫人一九四二年那次訪美雖然載譽而歸，仍然有美國人造謠，說她過份奢侈。所舉的事例是她在白宮作客時，只肯用從中國帶去的真絲織的床單，不用白宮所備美國上好棉布材料的寢具。杭美麗 (Emily Hahn) 所著的《宋氏三姊妹》(*The Soong*

Sisters) 早在一九四一年出版，還在她訪美之前。但自由派大將施貴孚 (Sterling Seagrave) 一九八六年出版的《宋氏王朝》(*The Soong Dynasty*) 就寫了這一段，而且說這種床單每天都至少要更換幾次。

民國五十四、五兩年，蔣夫人最後一次訪美巡迴演講，我做過她十四個月的新聞官，詳情已見《微臣無力可回天——陸以正的外交生涯》第八章。離開紐約到外埠演講，住宿旅館時，我與孔令侃的房間緊鄰，兩人往往聊天到深夜。熟悉以後，有次我問他，究竟是怎麼回事。他才告訴我真相，實在與外界瞭解相差十萬八千里。

原來蔣夫人除翻車受傷外，還有兩種慢性疾病，一是帶狀疱疹 (herpes zoster)，另一是蕁麻疹 (urticaria)，每逢鬧病，周身會出現紅腫的風疹塊。她曾向孔令侃說，「癢的時候，即使長了一百隻手，也來不及抓！」當時醫學不發達，這種小毛病無人專門去研究，更沒有特效藥可治。醫生們作遍各種試驗的結果，說她對棉織品過敏，從此只能用絲質的床單被褥。這是孔令侃親口對我說的，應該可信。

話說回來，絲綢本是中國特產。當時在國內，真絲反而不如國外進口的人造絲 (rayon) 昂貴。尼龍 (nylon) 在戰時剛發明，更是身價百倍。所以任何事若非察知真相，很容易輕信人言，被有心人誤導。

好萊塢眾星捧月

一九四三年上半，歐、亞兩洲戰況沉悶膠著，各國都需要能使人振奮的新聞，以激勵民心士氣。蔣夫人適逢其會，有關她的報導因而愈炒愈熱。她所到之處的演講都被各大廣播網現場向全國轉播，全美大小報紙幾乎每天都有她的照片與新聞。這固然與她所代表的苦難的國家有關，但戰時訪問美國的世界性領袖不知多少，若無她過人的風度、氣質、所受教育、與美國的深厚淵源，恐怕也難有她那次巡迴演講的成就。

蔣夫人三月卅一日抵達洛杉磯（華僑當時稱為羅省）時，身體已經難以支持了。由火車站到洛杉磯市政府二英里半的路程，原定用敞篷車，讓民眾可一睹手采，只好改用封閉的轎車。但在市政廳的歡迎儀式，贈送市鑰與演講，乃至效法舊金山的大遊行都無法取消，她仍然撐了過去。到大使旅社（Ambassador Hotel）後，才找醫生給開喉嚨痛的藥。

蔣宋美齡在好萊塢露天音樂廳演講的盛況

除照例必有的記者會、華僑歡迎大會與接見華僑婦女領袖外，四月一日晚在大使旅社的致敬晚宴到了一千二百餘人。好萊塢閃亮的電影明星傾巢而出，只想和蔣夫人合照。而四月四日下午在好萊塢露天音樂廳 (The Hollywood Bowl) 的歡迎會更別出心裁。這所場地可容納三萬五千人，門票從五角到五元不等，早已銷售一空。為避免擁擠，許多人四小時前就去排隊等候入場。

那天的節目由「亂世佳人 (Gone With the Wind)」的製作人塞爾茲尼克 (David O.Selznick) 提調。節目委員會 (The Committee to Receive Madame Chiang) 列名的有老牌影后瑪麗璧克福 (Mary Pickford)、麗泰海華絲 (Rita Hayworth)、瑪琳黛德麗 (Marlene Dietrich)、英格麗褒曼 (Ingrid Bergman)、琴逑羅吉絲 (Ginger Rogers) 和秀蘭鄧波兒 (Shirley Temple)。介紹蔣夫人的除華倫州長外，還有史賓塞屈賽 (Spencer Tracy) 和亨利方達 (Henry Fonda)。名作曲家史多達 (Herbert Stothart) 特別提譜了一首「蔣夫人進行曲」，由洛杉磯愛樂交響樂團當場演奏。歌頌中國英勇抗戰的長詩則由性格演員華特休斯頓 (Walter Huston) 與愛德華羅賓遜 (Edward G. Robinson) 兩人合作演出。今日任何一年的奧斯卡頒獎典禮，也不可能有這樣珠聯璧合的陣容。

離洛杉磯返回紐約前，由於健康情形不容許她親身前往，蔣夫人乃用電話向聯合佛爾諦飛機工廠 (Consolidated Vultee Aircraft Works) 的員工致意，感謝他們為同盟國製造戰機，爭取勝利的努力。回紐約休息了一陣，那年六月，她又接受加拿大總理金氏 (Prime Minister McKenzie

King）邀請，到渥太華（Ottawa）向加拿大國會兩院聯席會發表演說。直到七月四日才返抵重慶，受到全國上下的熱烈歡迎。

回顧抗戰時期的國際環境，蔣夫人一九四三年二月至四月間在美國各地的巡迴演講，她個人雖然勞累，對改變美國過去對華人的歧視觀念，鞏固兩國同仇敵愾的邦交，確定戰後我國四強之一的地位，其貢獻不容磨滅。無論情勢如何演變，歷史總會給她一個公平的評價。

蔣宋美齡訪問加拿大，在步出國會大廈時向歡迎群眾揮手致意

十一、布江會 確定中共世界強權地位

（原刊九十一年十月廿七日聯合報）

美國政府對大陸姿態有鮮明轉變，我切勿輕忽其深遠影響。

國內媒體對這最後一次布江會的興趣，僅限於兩人談到台灣問題時的遞招接招。如今會談結束了，雙方果然各說各話，會後記者招待會上，布希總統只重申美國不支持台灣獨立，了無新意。這樣收場，得到安定國內民心的效果。

我所擔心的是，國人會因此忽略布江會更深一層的含意。那就是，它進一步確定中共成為世界強權的地位。無論在反恐行動、阻止大規模殺傷性武器擴散或其它國際議題上，美國越來越不能漠視中共的影響力。日積月累的量變遲早會造成質變，美國為面對千變萬化的國際新形勢，難免會在對華關係上作出若干調整。

美國與中共間雖有人權、貿易逆差、宗教自由之類每次峰會雙方必定會提出的問題，說穿了只是小和尚唸經，有口無心，目的在扯扯對方後腿，作為討價還價的籌碼而已。這與中共每次必提台灣問題，雖然優先次序有別，動機如出一轍。雙方都明白對方的哪些抱怨可以當作耳邊風，聽過就算了；而哪些是對方真正在意的關鍵，必須準備有所回應。這次會前，北京已經在核生化、導彈等技術與設備出口上採取具體行動。它所釋出的訊息，意味中共除在意識形態與台灣問題上無法妥協外，在其它國際事務上，已有與美國全面合作的準備。如果當真，這可是冷戰結束十幾年來，地緣政治最重要的發展，對今後國際形勢，將產生深遠無比的影響。

在休士頓的演說裡，江澤民公開推銷「江八點」，鼓吹三通。他聰明地不在抵達克勞福農場後向布希提，而選擇在公開場合向美國民眾推銷「和平統一，一國兩制」。他所說的「台灣可以保持自己的經濟制度和生活方式，自己管理黨、政、軍等系統」，我們固然明瞭其中所藏的陷阱，美國一般老百姓卻不懂其中奧妙。政府不能等閒視之，應該及早在美國傳播、學術各界發動消毒才是。

江澤民決定走與美國合作的道路，其厲害之處在於，就大陸今日情況言，要使中國迅速達到僅次於美國的世界強權地位，這是唯一可走的路。大陸只要照現在的情況繼續發展下去，不怕美國朝野不另眼相看。一葉落而知秋，紐約時報已經看出布希政府「對大陸姿態的鮮明轉變」了，而我國朝野呢？

美中兩國的全球利益逐漸找到匯合點，最明顯的證據莫過於美國提案在安理會闖關的經過。媒體報導說常任理事國裡有三國反對，其實抗拒最力的是法國。俄國雖也反對，僅為向第三世界表態。這星期車臣游擊隊出其不意佔領俄京文化中心劇場，挾持七百餘人質，迫使普亭取消出席墨西哥 APEC 峰會。僵持三天之後，莫斯科雖然攻堅得勝，解救了人質，更大的收穫是證明了恐怖份子與賓拉登的基地組織曾有聯繫。只要美國接受這種說法，普亭很可能對美國新提的決議草案在安理會不使用否決權，只投棄權甚或贊成票。月餘以來中共在安理會都保持低姿態。日昨聯合國祕書長安南說，安理會可能「一致通過」美國的新決議草案，其中暗藏玄機。因為假使俄、中兩國都放棄原來立場，法國席拉克總統怎能獨力堅持下去呢？

這篇短文的用意，只求指出除了緊鑼密鼓的市長選舉外，世界上還有更重要的大事，對國家與全體人民的未來，其影響遠大於光復台北市，或保衛高雄。大家試想，如果在五六年後，民國九十六或九十七年時，再來回顧這次時間最短的布江會，思考它對亞洲整體局勢，曾產生過什麼催化作用。我相信到那時的結論，會與今日各報的評估大不相同。

十二、橘子蘋果不同　不應相比

（原刊九十一年九月三十日聯合報）

陳總統夫人與蔣夫人華府之行，因大環境變遷所受禮遇大不同，但同樣為國努力，媒體何必強要對照。

陳總統夫人強撐病弱之軀，開創政權輪替後，不論是總統或第一夫人首次抵達華府並且獲得相當禮遇的先例，國人無不鼓掌。她過份勞累因而入院檢查，大家也都寄以關懷祝福。但國內媒體自始至終，喜歡拿她此行與一九四三年蔣宋美齡訪問美國來比較，從行前記者會開始，到日程安排，乃至美國人對她的讚譽，不論有意無意，總會牽出蔣夫人來，令人想起美國一句俗諺：「橘子能拿來和蘋果比較嗎？」

這次隨陳總統夫人一路採訪的記者太年輕了，對五十九年前的歷史自然毫無所知。當時我已是政校外交系新生，在重慶每天讀大公報與中央日報，因而對許多事印象深刻。只有蔣夫人去美的真正原因，當時從未公佈，我也是若干年後才得知。原來民國廿六年中日戰起，戰火從北平延燒到上海再到武漢，戰況慘烈時，蔣夫人代表委員長到前線勞軍，途中翻車受傷，拖了五年，健康從未完全恢復。珍珠港事件以後，一九四二年八月和九月，羅斯福總統夫婦兩次誠意提出邀請，又有時代生活雜誌創辦人魯斯夫婦從旁勸說，她才決定去美一行，順便治病。當時軸心國在陸上仍佔絕對優勢，海上則互有勝負，為躲避敵機，由重慶飛紐約費了九天，住進哥倫比亞大學與長老會合辦的教學醫院診治，兩個半月後，身體才逐漸康復。

太平洋戰爭爆發後，日軍勢若破竹，連取香港、馬來亞半島、新加坡、法屬印度支那（今越、寮、柬三國）、泰國、荷屬東印度群島（今印尼）等地，南指澳洲，西逼緬甸。而美國受歐洲盟國尤其英國包圍，羅斯福總統聽從智囊哈利・霍浦金斯建議，訂下先歐後亞的大戰略。美國所有的兵員武器都優先供給歐洲與非洲戰區，讓麥克阿瑟元帥困居澳洲。而對亞洲呢？只希望蔣公能牽制住日本陸軍，免得來攻美國本土西岸。美國朝野嘴上雖無法承認，心中對中國頗有歉意。邀請蔣夫人訪美，是美國用熱情來彌補實質支持不足的表示。

蔣夫人民國卅一年十一月十七日離重慶，廿六日才飛抵紐約，霍浦金斯在機場迎接，陪赴醫院。兩天後羅斯福夫人立即趕來紐約探望。第二年二月十二日出院，因為羅斯福夫婦力邀，移居海德公園羅斯福老家，又休息了五天。十七日才搭乘火車到華府，羅斯福夫婦親至聯邦車站迎迓，同車回到白宮。此後十天她都是美國總統夫婦的座上客。她到國會，是對參眾兩院聯席會議正式演說，由眾議院議長雷本主持，兩院議員擠滿眾議院議事廳之外，美國全體閣員與外交團全體使節都來旁聽，面子特別大的才能擠上前與她握個手。在美京的其它節目，記者招待會由羅斯福總統親自主持，到場各國記者二百餘人；到阿靈頓無名英雄墓獻花，與去佛儂山華盛頓故居致敬，也都由羅斯福夫人全程陪伴。魏道明大使為她舉行的酒會，一柬難求，賓客達四千人，華萊斯副總統以次全體閣員統統到齊。

相形之下，並非吳淑珍的努力比蔣宋美齡差，憑心而論，至少絕不遜色。而是限於大環境變遷，我國與美國已無正式邦交，所以才發生借國會兩黨領袖名義在參議院借地舉行酒會，廣發請柬，而四位名義上主人只有一位到場，兩院議員五百卅五人中只來了廿二位，其餘都只是議員助理的尷尬場面。陳夫人在華府智庫美國企業研究所的演說效果雖使人擊節，程建人代表在雙橡園的晚宴也夠熱鬧，但兩場聽眾以卸任官員與學者專家為主。她與現任官員的接觸，最高只到國務院排名第四、五的副手，握手寒暄兩三分鐘而已。宣傳了半天的兩位前任總統夫人都未現身，現任部長更一個不見蹤影。國際事務本來就冷漠無情，程建人與駐美代表處已經盡了最大努力，這筆帳更不能怪到陳總統夫人頭上。

拿華府以外地區來說吧，蔣夫人三月一日回到紐約，市長拉瓜迪亞親自到火車站迎接。第二天請她到紐約市府，府外廣場上一萬多市民等候了半天，只為想一睹她的風采。三日晚在麥迪遜花園廣場的歡迎大會，兩萬多人擠滿了這所紐約最大的公共集會場所。工商界大老洛基斐勒做司儀，紐約州長杜威之外，新英格蘭地區其餘八個州的州長都來湊熱鬧。他們和所有的政客一樣，只是借蔣夫人的光環，為自己營造能見度而已。

此後，蔣夫人還去了波士頓、芝加哥與舊金山，回國前又應加拿大總理金氏之邀，到渥太華向加拿大國會演說。只以吳淑珍歸程也路過的洛杉磯而言，蔣夫人演說的地方是能容三萬餘人的好萊塢露天音樂場，照樣擠得滿坑滿谷。所有著名的電影明星如瑪麗璧克福等全體出動，只為想和蔣夫人合影。那種盛況，今日在台灣的人實難想像。

吳淑珍訪美過程中的唯一遺憾，是在紐約遭老僑僑團全面抵制，無一人出席希爾頓飯店的華僑歡迎晚宴。到洛杉磯也遇到華埠舉辦「向蔣夫人致敬」的餐會打對台，人數比捧政府場的還略有超過。冰封三尺，非一日之寒，這雖與她行前不該批評蔣公夫婦有關，實際只是壓斷駱駝背脊的最後一根稻草。從卡特承認中共以來，美國與大陸已有廿三年正式邦交，中共對僑社攏絡也無微不至。但是美國傳統僑團，如各地中華公所、安良、協勝、乃至各同鄉會等，絕大多數仍然心向中華民國。直到民進黨執政後，老僑明顯感受到政府僑務政策正緩緩向台獨方向傾斜，他們對僑委會政策的不滿，才是和扁政府撕破臉的真正原因。此次隨行有張富美委員長，假使她覺得面子受損，反而更加速僑務委員與僑務顧問中台籍的比重，其結果只會使各地老僑更倒向大陸，對國家有害無益。

這次另一項小而又小的爭議，是第一夫人這兩個字。英文所謂 First Lady，任何國家都無這個頭銜；它只是媒體為淺顯易懂，又節省字數而使用的非正式形容詞。世界上任何國家，從無一位總統夫人自己叫第一夫人的先例，那樣做只會貽笑大方。吳淑珍夫人的英語比陳總統好，聰明人一點就通，以後應該不會再犯同樣的錯誤了。

橘子就是橘子，蘋果就是蘋果，兩者永遠無法相比。希望媒體記者不要再把完全不同的事物拿來對照，反而顯示自己對歷史的無知。

十三、美攻伊第一回合　布希小勝

（原刊九十一年九月十八日聯合報）

最後攤牌時，若要俄中兩國在安理會棄權，美國仍得付出極大代價。

九月十二日布希總統在聯合國第五十七屆大會第二次會上的強硬演說，四天後立即見效。十六日，阿拉伯聯盟祕書長與伊拉克外長聯袂向安南祕書長遞交伊拉克政府正式函件，同意無條件接受聯合國武器檢查人員返伊繼續工作，使全球各國都鬆了口氣。但海珊總統是何等厲害的角色，他委曲求全，只是權衡輕重，好漢不吃眼前虧而已。

他的心態美國看得很清楚，其它各國也心知肚明。這第一回合，套句拳擊的術語，美國可算是技術得點。第二回合由哪方得分，要看安理會的辯論與最後決議案如何措詞，以及投票通過時有無阻礙了。

這一週來，美國動員龐大的外交與軍事資源，對安理會另外十四個會員國遊說施壓，不遺餘力。試看安理會十個非常任理事國名單，回教國家只敘利亞一個；此外較難影響的只有非洲的幾內亞與喀麥隆；其餘如哥倫比亞、愛爾蘭、模里西斯、墨西哥、挪威與新加坡，都傾向或同情西方。九月份輪值主席的保加利亞，一直想加入歐盟，應該也會配合。真正麻煩的是常任理事國中的法國、俄羅斯與中國大陸。這三國都曾公開反對美國在聯合國體制外，單獨對伊拉克採取軍事行動。

聰明的鮑爾國務卿一面透過媒體釋放他兩年後無意戀棧的消息，以保障他個人二〇〇四年無論共和黨或民主黨大會上被提名競選的機會，另一面則說服小布希聽從國務院的基本建議，即在用兵前必先透過聯合國機制，免受世界各國指責美國不尊重憲章，隨意侵犯另一會員國主權的批評。儘管鷹派如副總統錢尼或國防部長倫斯斐之流都不以為然，布希還是接受了鮑爾與國務院那批職業外交官的意見，因而在第一回合果然不戰而勝，國際輿論的重要性於此可見。

透過聯合國這一招的重要性，其實還不在它對國際輿論的影響，而在使安理會內外，原本難以啟齒支持美國立場的國家，有台階可下。與伊拉克接壤的六國中，沙烏地阿拉伯無疑最為重要，政治立場向來也最親美。但沙國王室困於民間氣氛痛恨以色列，因而反對美國攻打任何阿拉伯國家的心理，一直不敢容許美國使用在沙國建立的空軍基地，展開對伊攻擊。布希在聯合國演說後，沙國外長馬上改口，暗示說美國將可使用沙國基地了。因為只要軍事行動透過聯合國進行，沙國可以辯稱它的政策並未改變，只是將其視為聯合國行動的一部份而已。

沙烏地一倒過去，其它阿拉伯國家如約旦、科威特、聯合大公國，甚至阿曼、卡達、巴林，只是遲早的問題。埃及雖非安理會會員，仍是阿拉伯國家的盟主；但因接受大量美援，很難維持中立。伊拉克這次把外交照會交給埃籍的阿拉伯聯盟祕書長與伊外長共同轉遞給安南，恐怕有點失策。將來海珊如果食言耍賴，正好給其它阿拉伯國家洗手不再過問美伊爭執的藉口。

北大西洋公約盟國中，本來只有英國公開支持美國出兵，顯得形單影隻。但這幾天裡，西班牙、義大利相繼表態支持，德國的反對態度也在動搖。法國兼為安理會常任理事國，席拉克總統不是傻瓜，也沒有戴高樂那樣的氣魄，眼看大勢所趨，法國到投票表決時，看來仍會與西方各國採取一致立場。

安理會中美國最看重的兩張票，屬於俄羅斯與中共。只要有一個常任理事國投票反對，任何議案就無法成立。但否決權茲事體大，也不是輕易就能拿出來使用的。布希已經說了，他希望安理會討論伊拉克案的時間，不是以星期計，而是以天數計。今後幾天，頂多一週裡，華府與莫斯科間，以及華府與北京間勢將頻繁接觸，不斷地討價還價。伊拉克雖已同意武檢人員回去檢查巴格達是否仍保有核生化武器或其製造設備，美國一定領頭要安理會嚴格規定，如果伊國重施阻礙檢查或拒絕進入任何地區的故技，即應視為破壞決議案，各國得採取「任何行動」以資補救。換句話說，不能把皮球再丟回給安理會，到時美國不管別國態度如何，一定要出兵了。

到最後攤牌時，除非美國做出重大讓步，要俄、中兩國投票贊同這樣的一則決議案，恐怕仍有困難。但雖不完全贊成，仍可棄權。這兩國都不是省油的燈，要他們棄權，也得付出極大代價。海珊手上除石油外，並無其它籌碼，而美國手上的牌很多，最後這兩票應該會棄權。照道理說，美國不會輕易犧牲我國的利益。但在中共眼中，台灣問題是它與美國間的頭號爭執。我們仍要小心注意，別在這關鍵時刻，被別人賣掉了，還在旁幫著數錢！

十四、美國人瑞特　竟被伊國會邀去演講

（原刊九十一年九月十一日聯合報）

多年來，他走遍伊拉克參與聯合國武檢；如今，他四處演講，反對對伊動武。

無論你身在何處，這星期的新聞重點仍然是紐約與華盛頓。美國時間十一日布希總統將在兩座世貿大廈的廢墟上發表九一一紀念演說，十二日則將在剛開幕的聯合國第五十七屆大會裡揭開總辯論的序幕。全世界都在注意他這兩篇演說的內容，尤其美國是否真將不顧各國輿論反對，以武力推翻伊拉克海珊政權，才是舉世矚目的焦點所在。

CNN九日曾予報導，惟獨我國媒體似乎忽略掉的一則有關新聞，是美國人瑞特竟被伊拉克國會邀去演講。此人自稱為忠誠共和黨員，前年美國大選時他的票也投給了小布希。他既非宗教狂的反戰份子，亦非吸大麻煙的垂老嬉皮。瑞特原是職業軍人，服役美國海軍陸戰隊十二年之久。退伍後參加聯合國檢查伊拉克是否祕密製造大規模殺傷力武器工作，走遍伊拉克所有可疑的生物、化學、與核子武器製造場所，又達七年；因此他的話頗具說服力。

瑞特毫不諱言他對伊拉克並無好感，聯合國安理會一九九一年通過派遣專家團檢查伊拉克

製造武器設施，他就參加工作。不但瑞特，所有其他團員對伊國官方提出的資料，一概採取懷疑態度。伊拉克當時對任何涉及生物與核武的指責全盤否認，對化學與飛彈類武器則是能賴就賴。但聯合國這批專家怎會輕信伊拉克政府？他們不但走遍全伊，還不斷專程到歐洲各國乃至前蘇聯，找出曾供伊任何能製造武器的機械、工具機、原料、設備的廠商，取得原始發票、機具號碼、發貨單、乃至交運文件，帶回伊質問並繼續追查。

凡伊拉克官方誘稱在波斯灣戰爭時被盟軍炸毀的工廠倉庫，檢查團不厭其煩地逐一挖掘，直到找出確切證據才停止。有批飛彈共計九十六枚，伊拉克起先死不認帳。等檢查團拿出確證後，才承認說已被銷毀，並帶領他們到埋藏地點。這批專家窮數週之力，把所有碎片都挖掘出來，一一核對彈殼上的編號，再與運貨單及製造廠資料比對，居然證實九十六枚飛彈確已不復存在，其耐心與執著難以想像。

就因為他曾參與聯合國檢查工作前後七年，瑞特斷言伊拉克過去存儲的核生化武器約有百分之九十至九十五已遭銷毀。但一九九八年聯合國檢查團就被迫撤離伊拉克，至今又已四年半，難道伊國不能在此期間重新恢復製造嗎？瑞特說，理論上這種可能雖難排除，但伊拉克勢必得從頭開始。在聯合國禁運令限制之下，從國外祕密進口精密機械、工具與設備，很難不被西方各國察覺。如果伊拉克私製生化一類武器的話，不管怎樣隱密，製造場所勢必產生的特殊氣體，無法逃過人造衛星無遠弗屆的偵察。

瑞特的結論是：海珊政權固然禍國殃民，但伊拉克今日並不對美國或其它國家構成威脅。他認為布希總統、錢尼、倫斯斐、阿米塔吉、伍佛維茲等人堅持要對伊拉克動武，除多年來「反伊論」已經深入腦海外，還有美國國內政治的考量。瑞特單槍匹馬地四處演講，動機很單純，他要向美國人民說：如果伊拉克真擁有足以威脅自由世界的核生化武器，美國理應早採行動，趁早消滅九一一事件重演的可能。但假使伊拉克並無這種實力，美國不應貿然出兵，把全世界捲入另一場浩劫。

只有在美國這樣的民主制度下，像瑞特那樣的人才能赤手空拳地挑戰政府既定政策。瑞特曾向北大西洋公約組織理事會演說，使北約十九國中，有十六國向美國國防部長倫斯斐表示異議。伊拉克邀請他去演講，就是看中他這份傻勁。布希總統這次在紐約的行程，最大目標是要說服西方盟國與中東友邦，對美國出兵攻打伊拉克的意圖，至少別太堅決反對。美國大部份媒體仍支持白宮對伊拉克的強硬立場，但雖有國內輿論支持，布希總統面對如此關係重大的決策，仍有幾項難以預料的因素，不能不慎重將事。

首先，伊拉克並非阿富汗可比。除非美國拿出如中子彈之類的祕密武器，要想短短兩三個月就結束戰事，恐怕沒那麼容易。拖得久了，民意常會轉而反戰，越南就是前車之鑑。其次，在阿富汗有北方聯盟替它打前陣，因而使美軍傷亡甚微。相對地，伊拉克反對勢力雖組成了「全伊民族大會」（簡稱INC），接受中央情報局津貼已經四年，至今內部仍四分五裂，在伊境內除庫德族外，少有人支持，難成氣候。第三，阿拉伯聯盟各國態度曖昧，連沙烏地、科威特、約旦這些傳統親西方國家，都不敢支持美國出兵攻打伊拉克。其它各國無不因為反對以色列，因而反對美國攻打任何伊斯蘭教的地方。最後，聯合國安理會能否放棄憲章明文賦予的維持世界和平的職責，默許美國單獨出兵攻打另一個聯合國會員國，都有疑問。布希總統正面臨就職以來最大的危機，如果處理不慎，豈止兩年後不會連任而已。

十五、台灣能對反恐有何貢獻？

（原刊九十一年九月九日聯合晚報）

大溪會議被媒體哄抬成為政府公關魔術最成功的範例，三芝會議隨之登場，證明阿扁團隊治國能力雖然差勁，選戰造勢依然是看家本領，不因享盡行政資源而有絲毫生疏。

昨天會議的十點結論，明眼人一望即知是早就在總統府寫好，帶到會場去分發給記者的。這項府院黨三方聯席會議，把軍方也硬拉進去，名為反恐，其實結論中找不出哪一點與軍事有關，料想湯曜明部長與參謀總長李傑坐在那裡被當作道具，也有點侷促不安。更倒楣的是外交部，反恐議題無論如何屬於外交範疇，簡又新部長出國，應由政務次長代理，何以三位次長無一露面？

邱義仁祕書長專題報告內容並未公布，但他的說明至少澄清一點：即陳總統並未將中共與恐怖主義畫上等號，也無意挑釁大陸。若無這項澄清，可憐的讀者真會誤認，大張旗鼓的三芝會議真正目的不在反恐，而在反中共。十點結論只有第九點與恐怖主義有關，其餘都放在兩岸制度與理念的不同上，大賣民主狗皮膏藥，全文從頭到尾只提台灣，沒有一次提起中華民國，也令人詫異。

這些細節都還不要緊，如用外國人眼光來看，既以反恐為題，說了半天，牛肉在哪裡？哎呀，第九點不是有嗎？我國「願以具體行動參與」。但美國會接受我們出兵嗎？還是我們能找到賓拉登藏身之地，或握有基地組織重要情報可以告知華府呢？

借題目作文章不是絕對不可以，總要有點分寸，才不致為人譏笑，說我國大言不慚，往臉上貼金，不懂得照照鏡子，究竟有多少份量。

十六、隨風而逝？

（原刊九十一年八月十九日聯合報）

副總統在印尼，得意地向記者們說，她愛到哪兒就去哪兒，中共管不著。凡風能吹得到的地方，她都能去，然後用英文加重語氣說，她可以 gone with the wind。這股豪邁之氣，中華民國任何人都應該鼓掌讚許，只可惜外國人恐怕聽不懂。

密契爾女士 (Margaret Mitchell) 這本名著，電影片名譯為「亂世佳人」，中譯本彷彿是「飄」，與原文都有出入。原因之一，可能正因為它描述的美國內戰前南方社會的那種斯文有禮、又帶點虛偽做作的世界，也隨南方邦聯 (The Confederacy) 的消逝，一去不復返了。書名所暗示的那種悲壯蒼涼的情緒，我想絕非呂副總統的原意。

猜測副總統的意思，只有“I can go wherever the wind goes”，才勉強相近。go 是現在式，而 gone 是過去完成式，兩者是不能混為一談的。

十七、靠外行人牽線　度假難外交

（原刊九十一年八月十五日聯合報）

被困雅加達機場三小時，萬方有錯，但副總統豈能無責？

呂副總統昨天在雅加達機場被困三小時，她周圍的謀士幕僚、與聞其事的國安與外交系統官員，以及洩漏消息的媒體都有責任。但最大的責任，還得副總統自己負起來。

據說這次「度假外交」的實際目的，是想與印尼女總統梅嘉娃蒂見面；而居中牽線的則是某位旅印尼台商。不錯，台商在外國為生意著想，常與當地政府高層關係密切，但這種關係大多非常隱密，屬於見不得人的那種。過去我國試圖與無邦交國家聯繫，也曾借重當地僑商。與現在不同之處是，溝通管道一旦建立後，必定改為直接往來；不但為了保密，主要還是因為再熱心愛國的僑商，也沒有外交實務的訓練或經驗，從中傳話更易出錯。把這樣的國家大事，託付給外行人辦理，這是第一個錯誤。

梅嘉娃蒂是印尼國父蘇卡諾的女兒。蘇卡諾在位二十年，對中共極為友善而對台灣不屑一顧。直到印共發動政變失敗，蘇哈托繼任總統，印尼才改變親共立場，李前總統因而得以度假為名去印尼訪問過一次。駐印尼代表處肯定曾多次詳細分析她的背景與思想，呈報外交部。但牽線的台商懂得其中複雜情形嗎？副總統周圍的謀士幕僚，知道這些嗎？這是第二個錯誤。

據熟悉內部作業者說，此次出訪全由副總統辦公室與國安會主導，外交部與代表處僅於決定後獲得告知。國家副元首出訪，外交部門既未被徵詢意見，主事者在決策前又未嚴肅評估成敗得失，這是第三個錯誤。

任何外交行動，總須雙方事前商量妥當，才能按部就班地進行。昨天在雅加達機場造成的僵局，即使平素不支持呂副總統的人民，也感覺國家尊嚴受到損害。外交部儘管事先未曾參與計畫，獲知後何以不曾訓令駐印尼代表處委婉告知印尼政府，祕密尋求印方同意，或至少默許過境，我百思不得其解。假如有關方面預知印方不許入境，為何不儘力阻擋副總統此行？這是第四個錯誤。

台灣媒體競爭激烈，人人皆知。但從昨天各報與廣播電視報導內容看來，若說所有與聞其事的官員們個個都守口如瓶，記者們不可能獲得這麼多正確的訊息。華航班機八時後才起飛，報紙早已出版。為什麼無人勸阻副總統取消行程，避免自取其辱。尤其從在雅加達的遭遇看來，印尼政府即使曾被告知，顯然並未同意。一國副元首未獲同意，冒冒失失地到無邦交國家闖關，把別人的獨立主權置於何地？我們還能怪印尼太不禮貌嗎？這是第五個錯誤。

總而言之，這次事件的不良後果，包括丟盡國家的顏面，以及與印尼實質關係的傷害，要說副總統本人不該負責，恐怕難使人民信服。

十八、公投只可說說

（原刊九十一年八月八日聯合報）

公投法一出，將逼大陸不得不採取行動！

北京國台辦發言人批評陳總統的「一邊一國」談話，與李前總統的「兩國論」是「如出一轍」。話雖然很重，但陳總統的運氣比李前總統好多了。首先，布希政府掌權的「藍隊」遠比柯林頓那時的「紅隊」對台灣友善得多。其次，警覺到事態將擴大後，行政院、民進黨中央、陸委會全體跳出來消音，把傷害控制到最低點，比起三年前，始作俑的蔡英文不作一聲，任憑蘇起孤家寡人地獨擋各方冷箭，不可同日而語。

為了安撫美國，陳總統親自接見包道格解釋，然後在民進黨中常會上發表五點意見，將那番話降級為僅在表達主權對等，別無他意，姿態低到極點。恰巧又逢游院長訪問中美洲，蔡主委搭便機趕去紐約轉往華府，指天誓日地否認現政府有走向獨立的意圖。至少在美國朝野那邊，不會像三年前一樣地拿副冰冷的面孔對待台北。

大陸這兩天的強烈反應，本是意料中事。今年三月我去深圳參加兩岸關係論壇，曾抱怨對岸對陳總統所釋放的一連串善意，從未回應。對方一位學者向我說：「陸先生，你錯了。試看從陳水扁就職以來，我們從未指名批判過他，這就是善意的表現。」我從未想到這點，回來後查剪報，果如其然。可見是託了「四不一沒有」之福，大陸宣傳機構整整有廿六個月，從未點名批判陳總統個人。直到今年七月廿五日，由於總統在就任黨主席時說了「要走台灣自己的路」，新華社才破例點名批評，然而也只說他「在提出威脅要挾」，語氣還算溫和。八月三日後，所有禁忌都取消，罵得淋漓盡致。大陸高層動作向來要慢兩三拍，下星期或者下個月，等中共頭子在北戴河商定處理立場後，這類「文攻」可能會更猛烈，甚至夾點「武嚇」以壯聲勢，也難以完全排除。

國內輿論似乎只在意不要惹惱了美國，卻忽視大陸的反應，執政當局更加如此，未免令人擔憂。打開天窗說亮話，美國即使暗底裡對台灣再支持，白宮和國務院也無意改變奉行已久、對外一再宣示的「一個中國」政策，公然對民進黨基本教義派夢寐以求的獨立主張，給予任何間接或暗示性的支持。

美國對台政策向來都很清楚：「台灣不獨、大陸不統」最符合美國的國家利益。任何偏離這八個字的言論，都會遭遇美國的強烈反對，更別提付諸行動了。

此時此地提出「認真思考公投立法」，非但不智，而且會把總統自己劃進基本教義派的圈圈裡，無法自拔。我常講，懂得玩政治的人，有些事情只能做不能說，另外一些事卻只能說不能做。而如果要為只能說不能做找個案例，莫如公投這件事了。

本文立場純在就事論事，不牽涉政治理念。為什麼公投只能說說，絕不能認真去做呢？這得從兩個層面來討論。近日來媒體自動舉辦的民意測驗，同意「一邊一國」的人超過不同意者達十幾個百分點；對於是否以公民投票來決定台灣前途，竟有半數以上的民眾贊成。報紙與電視台競相顯著報導，使讀者備感困惑。

我初看時也吃了一驚，等想通了，才莞爾一笑。這完全是問題設計太簡化了，逼使受訪者只能就「是」與「否」二者之間選一；在並無其它選擇下，受訪者自然會回答贊成。實際上，陸委會多年來不斷委託民調機構舉辦的持續性民意調查，對於兩岸未來關係，分成七種不同選擇，向來都是百分之六七十主張「維持現狀」，其它慢慢再說。由此可見，台灣絕大多數人既反對急獨，也不贊成急統。

再深一層看，對國際局勢稍有瞭解的人，不論政治理念是獨是統，都知道「公民投票法」一旦提出，就逼使大陸不能不採取行動。這樣做豈但使中共下不了台階，也逼使美國選邊表態。台灣任何可被解讀為挑釁的動作，肯定會引起美國輿論與民眾的反感，給美國政府卸卻仔肩的藉口。

試想如果公投結果有五成一的人贊成，政府真敢孤注一擲，宣佈獨立嗎？假使支持者不到三分之一，民進黨政府又將何以自處？沒有一個真替二千三百萬民眾福祉著想的政府，會做這麼傻的事。話再說回來，那麼又何必發表從「走自己的路」到「一邊一國」這一系列的談話呢？只能說是「天下本無事，庸人自擾之」了。

十九、總統府祕書長更應知幕僚的分寸

（原刊九十一年八月二日聯合報）

五十五年前的八月初，我曾有幸以記者身份，在廬山訪問過陳布雷。記得布老穿著短衫褲，談鋒很健。但到告辭的時候，他卻說：「今天是朋友聊天，請不要在報上發表。」我愣在那裡，他解釋說，他只是蔣委員長的幕僚，從不對外發言；他以為我早已懂得這個道理了，所以那天才如此暢言無忌。

後來在美國讀書及工作，觀察美國政治人物與媒體的互動，果然有脈絡可循。白宮歷任幕僚長，不管報章雜誌描述他們的影響力如何廣大，始終躲在幕後，從不出面發表任何有關政策的談話。老百姓從不注意誰是白宮的幕僚長。

我曾問過艾森豪總統的新聞祕書海格蒂 (James Hagerty) 為何如此？他說道理很簡單。總統是民選的，主管國家大政；各部部長雖由總統提名，仍須經參議院審查後表決通過，才能就職，因此也是人民間接選出，負責一方事務的政務官。白宮幕僚長雖然位高權重，卻從沒有人投過他一票。如果強要出頭談論政策，難免媒體會責問：是誰選舉你來管這事的呢？

回想起來，早年擔任總統府祕書長一職的國之大老，如張群、王世杰，乃至後期的李元簇、沈昌煥，無不謹言愼行，懂得拿捏做幕僚者的分寸。

陳師孟祕書長是性情中人，家裡擺滿了他蒐集的各式各樣的小豬，看過電視的人都會微笑，覺得這位先生雖然有點個性，仍然頗有人情味。但是他前天接受報紙專訪時，似乎錯亂了自己扮演的角色。如果他仍是台大教授，儘可放言高論。假使他還是台北市副市長，從購買哪家公司的客機扯到我國與美、法兩國間錯綜複雜的外交與安全關係，雖然已有不妥，也不致造成這麼大的傷害。壞就壞在他恰巧是總統府裡，一人之下萬人之上的祕書長。無論從哪個角度看，把政府內部的機密報告與評估，以及從外國政府傳來的訊息或壓力，一股腦兒向記者和盤托出，今後別人還敢和中華民國傳達什麼祕密訊息，進行什麼重要談判嗎？

外交要保持機密，並非只以不可告人的事情為限。外交上有些事是只能做不能說的，另外一些事則是只能說不能做的。世界上沒有一個國家，不對正在進行中涉外事務的立場嚴守祕密，以保護本國權益。別國要千方百計地探聽估計，那是無法避免的事，只好隨他去胡亂猜測。但未到宣佈時機，在國內不論官方或民間，誰也不該洩漏。更不能因為做到了特任官，就不受有關法令的約束。

我誠懇希望扁政府其他高級官員，自我克制一點，別讓高官厚爵沖昏了腦袋，陷國家於萬劫不復之地。

二十、不再是機密的外交祕辛

（原刊九十一年七月廿四日聯合報）

當年已準備接受兩個中國……

歐美把鑽研學問者看作「象牙塔」裡的人，意指他們不食人間煙火，與現實世界脫節。週一總統府開國父紀念月會，請國策顧問陳隆志教授專題報告「台灣與聯合國」。讀過各報報導之後，也使我發覺原來國內也有座密不通風的象牙塔，才會有這樣稀奇古怪的論調出現。

民國六十年十一月廿五日聯合國第廿六屆大會第一九七六次大會，通過第二七五八（XXVI）號決議案，排除中華民國，席位由中華人民共和國取代。其中祕辛與當日會場內的詳細經過，兩年前我曾在台北報紙發表專文，大陸限閱但流通甚廣的《參考消息》同年十一月廿八日並曾全文轉載。今年我在拙著《微臣無力可回天》裡，第十章也把經過敘述得很清楚。

長話短說，故總統蔣公當時儘管十分不情願，早在聯大開幕前，就已同意接受美國國務院的建議，由美國與其盟國提出所謂「雙重代表權」的決議草案。外交部並訓令所有駐外大使館，向友邦解釋我國的立場：雖然促請各國繼續支持我國會籍，投票反對阿爾巴尼亞領銜的排我納共案，但也說如果友邦決定同時支持雙重代表權案，我國表示瞭解。

換言之，我國當時已準備接受兩個中國的安排了，只因為第一九七六次大會開了八個多小時，結果非任何人所能控制，才落到全盤皆輸。這一段歷史事實，非個人所能捏造。當年美國的外交檔案早已解凍，我國外交部雖無錢出版檔案，我認識的好幾位學者都曾獲准去北投檔案庫看過有關資料。因此我實在不懂，專研法律應該明辨是非的陳隆志教授，怎麼會不知道事實真相，仍然諉罪於當時已經放棄的「漢賊不兩立」口號，硬說這才是導致「賊立漢不立」的原因呢？

退一萬步而言，假使三十一年前「雙重代表權案」在聯合國大會僥倖通過，我們留在聯合國組織裡，只把安理會席次讓給了中共。請問今天我們仍然能留在聯合國裡嗎？我看那個或然率微乎其微，比我買樂透中頭獎的機會更小。中共早就一再宣稱，他們決不接受任何兩個中國或一中一台的安排。北京肯定搭起臭架子，不理會聯合國的善意。多則兩三年，少則一年，我國仍然會被驅出聯合國。我們並非「寧為玉碎，不為瓦全」，而是即使忍氣吞聲做了瓦片，大陸依然會一腳把它踩得粉碎。這是國際政治醜陋的現實面，誰也無法改變。

陳教授主張依照聯合國憲章第四條，直接以台灣為名，申請加入聯合國為新會員。但他卻避而不提第四條的第二項，即新會員國要加入，須「由大會經安全理事會之推薦，以決議行之」。即使小學生也能懂得，只要大陸仍為安理會常任理事國，享有否決權，我國不論以任何名義申請加入聯合國為會員，都絕無可能！陳教授前天滔滔不絕，列舉了一大堆理由，如「主動性、積極性、可凸顯台灣是個主權國家、明確表達台灣要成為聯合國一員的意願、有助於國際文宣、有利推展國際外交」等等，好像言之成理，可行性很高；只有一點缺陷，就是在國際現實下，難以實現。

陳教授從就讀台南一中到台大法律系，以年年考第一聞名國內。他很早就參加台灣獨立運動，堅持個人理念，這是他的權利，應該予以尊重。但以他的法學教授地位，如此顛倒事實，用政治信仰來解讀並歪曲史實，進一步企圖引領國人走上一條明知走不通的道路，未免忽視了學術與政治的分野。總統府聘他為地位崇高的國策顧問，這是總統的特權，他人無須置喙。但在莊嚴的國父紀念月會上，聽任不負實際責任的「象牙塔裡的學者」放言迷惑不明就裡的國人，慢慢可能積非成是，才是台灣最大的隱憂。

廿一、讓北京去花錢吧！

（原刊九十一年七月廿三日聯合晚報）

藉諾魯投奔的機會，北京打了陳總統一耳光。外交部先根據駐館臨時代辦的報告，說留在諾魯的代理總統與內閣閣員對哈里斯總統與大陸外交部長助理周文重在香港簽署建交公報有不同意見，原擬暫緩處理，以觀其變。但總統府震怒之後，昨天下午簡部長馬上改口，訂今天十時為最後期限，逾期我將主動斷交。這場阿Q式的鬧劇，全以國內民眾為對象，與外交風馬牛不相及。

老實說，中共如果真肯花費一億三千七百萬美元把諾魯買過去，我們應該私下慶幸才對。這個平坦的小島孤懸在南太平洋海上，連一條小河都沒有，長年為乾旱所苦。用水靠存接雨水，部份依賴一所老舊的海水淡化廠，仍不足時，則需從澳洲運水來濟急。僅僅廿一平方公里面積裡，唯一產品是可作肥料的磷酸鹽。開採九十幾年後，蘊藏已將告罄，撐不滿十年了。有人甚至預言，五年後生產即將不敷成本。而因挖礦破壞的整體環境，再花多少錢也無從恢復景觀。

諾魯沒有農業或工業，既無首都，亦無國幣。政府每年歲收約二千三百四十萬美元，開支卻高達六千四百八十萬美元，全靠向外國伸手度日。這才真是個鳥不生蛋的地方，不明就裡的人還質疑，何以我國在諾魯有大使館，諾魯卻未在台北開設使館？假如他知道諾魯窮得在華府或倫敦都沒有大使館，就不會太奇怪了。

諾魯才一萬二千人，卻有八百華僑，都是大陸或香港去辦身份的，台灣人極少。中共若真履行承諾，等於要送諾魯人不分老幼每人一萬一千美元。北京如果肯如此浪費人民血汗，讓他去花吧，中國人民總有一天會跟他算這筆帳！

廿二、民進黨離民主越來越遠

（原刊九十一年七月廿二日聯合報）

黨中央集權，走上列寧式政黨路線！

兩年前的六月，國民黨召開十五屆臨全大會前夕，我在「民意論壇」寫過一篇文章，題為〈脫離列寧式政黨的舊框框〉；同年七月號光華雜誌曾予轉載。文章的主旨是說，台灣人民的智識水準與政治判斷力，早已超越了陳舊的觀念與過時的政黨組織了。

現在已是二〇〇二年七月，由列寧在一九一七年創始的革命政黨由上而下的組織形式，與民主潮流更加格格不入。民進黨自詡為台灣民主先鋒，且把它兩年來政績放在一邊不提，單拿政黨組織這一樁事來說，年初先置競選諾言不顧，決議由陳總統親自兼任黨主席，已經讓人錯愕。從這次全代會的情形看來，一切都在倣效列寧式政黨一黨獨大的模式。除了三位副主席由主席指定之外，在十五人的中常會中，兼主席的總統還可以指定三位中常委。這種趨勢，難免給國人以時空錯亂的感覺，懷疑台灣究竟在步入廿一世紀呢，還是努力想拉回到過時的極權統治時代？

西方民主國家裡，找不到像台灣各黨如此中央集權式的頂層組織。開全國大會的時候，在國外只有對黨綱、路線的政策之爭，看不見請宴拜託，乃至賄賂公行，只求當選中委的怪現象。在台灣卻恰巧相反，無論哪個黨開全會，競逐中央委員者醜態百出，令有點骨氣的人恥與為伍。此風不改，我國的民主政治恐怕永遠難以擺脫列寧的陰影。

當選中央委員後，又削尖了頭要擠進中常會，認為非如此不足以光宗耀祖。國民黨執政時代，當個中常委還需要些聲望，但那種日子早已一去不復返了。民進黨的全國代表大會，各地選出的四百多位黨代表中，竟無人願意振臂一呼，為捨棄列寧式政黨組織，改向真正民主政黨之途邁進，開啟一個新的思考方向。

民進黨並非沒有人才，我記得沈富雄委員曾提倡過政黨「內造化」，蔡同榮委員也建議過政黨應該只是一部競選機器，把政策留給國會裡選出來的委員去負責。但這些頗有遠見的主張，現在都銷聲匿跡了。民進黨在野時的號召與言論，凡曾獲大部份人贊同的似乎都已被拋棄，取而代之的則是不折不扣的純政治考慮，只求勝選，不問手段，「笑罵由他笑罵，好官我自為之」。這豈只是一黨的失敗，也是中華民國的悲哀！

廿三、文化自主理由——不通！

（原刊九十一年七月十二日聯合報）

中文譯音唯一目的是給不懂中文的外籍人士容易辨識。

我國官場最擅長玩的把戲，一是推卸責任，二是指鹿為馬，三是似是而非。這次教育部以迅雷不及掩耳的手法，率爾決定採用所謂「通用拼音法」為中文譯音的國家制度，那種把全國人民都當作傻瓜，偷天換日的動作，便是集造假作偽於大成的真實例證。

中文譯音應該採取什麼制度，本來是個純學術性的問題。偏偏有批民進黨基本教義派人士，硬要把它與意識形態扯在一起。兩年前，教育部長曾志朗呈報行政院，擬採漢語拼音法，以便與國際接軌。那件公文被行政院祕書長邱義仁退了回去，要教育部「再研究」，曾部長也因此丟掉了紗帽。其中蹊蹺，明眼人一望即知，繼任的黃榮村部長，心裡自然也很明白。

官僚政治的老手都知道，推卸責任最有效的辦法，就是把準會挨罵的決定，交給一個委員會去討論，然後從幕後操作。將來有人批評時，大家雙手一攤，說：「這是委員會作的決定，與個人無關」，於是誰也不必負責了。教育部在八十九年六月大幅改組國語推行委員會，解聘了許多積聚多年推行國語經驗的老委員，塞進一批「政治正確性」掛帥人士，司馬昭之心，早已路人皆知。八十九年九月初次開會，就推翻了過去審慎考慮後決定的立場。只因為手段太粗糙，漢語拼音甚至未被列為考慮之一，被媒體修理得很慘，才又擱置下來。

輿論壓力迫使國語委員會拖了廿二個月不敢開會。黃部長曾指天誓日，要作「歸零」思考，還要請公正的第三單位研議。如今看來，這些話無非是緩兵之計，壓根兒無意兌現。直到委員們任期只剩三天了，這次趁陳總統返國，料想新聞必定大塞車之時，召開會議，以為可以替教育部拆掉「地雷的引信」。算盤打得很精明，只可惜未能如願，這條消息昨天還是佔據了各報頭版頭條的地位。

細看有關報導，除因「專業無法發揮」先已辭職的一位外，前晚的會議，廿六名委員中只有十五位出席，中途又有兩人離席，原因不明。等只剩十三人在場時，才舉行投票，以十票多數，三票棄權而通過「上面交辦」的議案。如果這還不算推卸一個民選政府應負的政治責任，什麼才是呢？身負百年樹人重責的教育部，用這樣抵賴的辦法來處理國家大政方針，如果只為保全一頂紗帽而賠上終身清譽，犯得著嗎？

這批學者專家們提出的兩大理由：「文化自主」與「國家認同」，恕我愚昧，實在不懂他們是什麼意思。中文譯音系統雖然將在馬路路牌或市招廣告中使用，其唯一目的是給不懂中文的外籍人士容易辨識而已。這和文化自主或國家認同，八竿子也打不著。國語推行委員會在獨派操縱下，端出這樣的理由來，只是秦相趙高指鹿為馬的故技重演，哄騙三歲小孩還勉強，未免太低估國人的判斷力與智識水準了。

文化與語言是截然兩事。真要談文化自主，教育部應該先整肅一下瀰漫全國的「哈日狂」或「哈韓風」，也可學法國學院力保法文的純潔性，抗拒排山倒海而來的英語。但像這樣認為採用與大陸相同的漢語拼音，就失去文化自主性，那麼請問：美國當年開國時，應不應該廢除英文，改取印第安人的土語為國語呢？華語在新加坡是官方語言，難道新加坡因此就已經失去文化自主性了嗎？拉丁美洲幾十個國家都使用西班牙語，非洲絕大部份國家都以英語或法語為官方語言，難道他們都瘋了，忘記什麼叫文化自主性了嗎？

以國家認同為理由排斥漢語拼音，更是不通又不通。中文是我們祖先給全世界華人的遺產，並非大陸的專利。我們現在讀、寫的都是中文，說的也都是漢語，只是口音不同，才有閩南語、客語乃至各種方言之分而已。為什麼如果採用漢語拼音法，就忽然不符合國家認同了？請問國語推行委員會投贊成票的這十位委員，立法院曾經討論或宣佈過中文或漢語有違中華民國憲法哪一條嗎？把似是而非推到這麼高深玄妙的層次，諸位的發明實在應該在民國史上，大書一筆！

廿四、塞內加爾　非洲楷模

（原刊九十一年七月二日聯合晚報）

塞內加爾足球隊來台「表演」的烏龍事件，給大家留下極為惡劣的印象。影響所及，使國人對塞內加爾觀感也變壞了，我要借陳總統飛抵達卡之日，替塞國喊聲冤枉。

我國在非洲現有八個邦交國中，無論從哪方面比較，塞內加爾都該排名第一。它面積是台灣的五．五倍，人口九百五十萬，經濟成長率年年在百分之五以上。最要緊的，在非洲所有黑人國家裡，塞國政治安定，軍隊服從文人指揮，獨立四十二年來，從未有過政變，堪為非洲其它國家的楷模。

在國際上，塞內加爾外交政策以維持與民主國家友好為指導原則；對維持非洲和平出力尤多，曾派軍參加聯合國派駐剛果、獅子山、盧安達與賴比瑞亞等國的維和部隊。美國領導盟國為拯救科威特攻打伊拉克的「沙漠風暴」行動，塞國是非洲唯一出兵的國家。難怪六月廿七日，世界八大工業國（G8）在加拿大的高峰會通過援助非洲計畫時，只邀請四位非洲國元首象徵性觀禮，其中唯一代表黑非洲眾多法語國家的，就是塞內加爾。

民進黨對塞國特別感覺興趣，是因為從首任總統桑果一九六〇年帶領塞國獨立後，一直由社會黨執政。二〇〇〇年，現任瓦德總統的民主黨才經由和平的選舉，達成政權轉移。這種想法，有點往自己臉上貼金。塞國一九九六年一月再度與我復交，是在國民黨手裡完成的，那時彭明敏還在和李登輝競選呢。

拆穿來說，元首出訪，所有細節事前早已安排妥善，兩位總統的互動固然可增加一點氣氛，卻不可能有什麼突破。外交不是兩三天內就能創造石破天驚般成果的，還得讓職業外交官不聲不響地，慢慢去把鐵杵磨成針。

廿五、投票、獻金、遊說

（原刊九十一年六月廿六日聯合報）

避免「跑票」「亮票」！

這次考試院長提名的慘烈大戰，朝野各黨都不怎麼光彩，損失最大的其實是我們這些老百姓，只能眼睜睜看著民進黨公然拿全國納稅人血汗錢撥充的開發基金，去收買國民黨幾名不成材的立委，讓姚嘉文當上院長。雖說此次事件證實了民進黨背棄競選諾言，大搞「白金政治」，已到了不擇手段的地步，但以台灣選民轉眼就忘記舊帳的習慣，兩年後絕大多數投票人保證不會記得這幾天令人痛心疾首的往事。雖然國民黨的黨紀已經開鍘，開除了幾個跑票的立委，不過，對朝野政黨而言，要徹底改革這樣亂糟糟的國會政治，仍然必須從制度面與法律面著手。

我們的立法院真是奇怪，委員們口口聲聲代表民意，到緊要關頭卻總以私利為先，把民意拋在腦後。全世界沒有一個國會在辯論任何議題時，採取祕密方式投票的。議員受選民委託，代表他們的權益；而選民唯一驗證議員是否確以民意為依歸，就是看他的投票紀錄。美國兩院對特別重要的議案，還丟下電動表決器不用，改採唱名表決，以昭慎重。英美任何議員終其任內，對所有議案的投票紀錄，屬於公共領域，人民隨時都可查詢。所以修改立法院內規，廢除所有祕密投票，一切在陽光下公開，應列為國會改革第一步。這樣做也就不會再有什麼「最後一根稻草」之說了。

改革立委選舉制度談了好多年，「單一選區兩票制」似乎已成共識。各黨派表面上雖贊成，骨子裡各懷鬼胎。反對最力的是小黨與所謂「無黨籍」委員，生怕採用兩票制後，對他們不利。但追根究柢，民主政治就是政黨政治，政黨在選舉時既然把「金字招牌」給了候選人，此後自然有權處分違反黨章與政策的黨員。

在這點上，南非的制度值得仿效。南非選民的票是投給政黨的，每個黨競選時公佈一份「全國性名單」，有似我國各黨所提的不分區名單。就職後如有議員死亡、辭職、或被開除黨籍，就由名單裡下一人依序遞補。這辦法雖然嚴格，卻可杜絕「跑票」、「亮票」、甚至「無效票」等等戲法。更重要的，它可以使立法委員們變得很守規矩，因為即使院內的紀律委員會不敢對他們開刀，院外的黨紀仍可能受民意壓力拿他們「開鍘」。

有人會質疑，這樣做豈非鼓勵大家都以無黨籍名義競選嗎？倒也不見得，兩年來台灣的政治板塊在地層下悄然移動的結果，已經隱然形成有如若干國家兩黨政治的生態。立法院儘管表面上仍有四黨，每次重大問題浮現，泛藍與泛綠陣營總會腳步一致對外。等二〇〇四年總統與立法院同步選舉後，要保持現有四黨，恐怕也不容易。許多政治學者認為英、美、德各國基本上的兩黨政治，比法、義等國的多黨制要強些，就是這個道理。

但要從基本上改革台灣目前的亂象，必須把冷藏了多年的「政治獻金法」與「遊說法」及早討論通過。英國國會前年通過的「政黨、選舉與公投法」內容完整，可作參考。美國對政治獻金與遊說早有法定的嚴格限制，但是「道高一尺，魔高一丈」，前年大選時，兩黨收受的政治捐獻仍逾五億美元，引致國會又吹起一股改革風。去年參眾兩院分別通過了「選舉捐款改革法」草案，尚待聯席會議審查合併，通過後才能生效。眾議院並且專門設置了「政府改造與監督、選舉捐款調查、及有關事項特別委員會」，其工作也值得立法院參考。

制訂政治獻金法與遊說法的用意，並非完全禁止這類事情，只是要把一切攤開在陽光下，讓全民都知道，什麼人向哪個黨捐過多少錢。收受捐款的政治團體與捐款人雙方都必須依法申報，隱匿不報或申報不實者才處以重刑。立法之後，必須嚴格執行，不能像中央選舉委員會那樣，眼開眼閉地縱容各黨胡亂申報競選經費開支，從不認真查核執法。為達到此目的，不妨考慮將中選會從行政院改隸監察院，獨立執行職權。台灣要走向民主開放，這是一條必經的道路，越早上路越好。

廿六、讓文官制度不受政治力干擾

（原刊九十一年六月廿二日聯合報）

考試院仍有維持必要，公務員忠誠度，調查權與審核處理權應分開，不容行政權隻手遮天。

在台灣，一件新聞常被炒得火熱，卻因為口水氾濫，大家只繞著不相干的話題打轉，反而不曾觸及問題的真正核心。陳總統提名姚嘉文出任考試院長，經過兩天的驚濤駭浪，昨天傍晚終於搭上立法院的末班車，便是個標準案例。

這兩天在立法院的廝殺鏖戰，藍綠陣營雙方演出的潑婦罵街乃至推人拉扯，令國人極度失望。事情已成過去，多談無益。希望姚資政接掌考試院後，能真如他在審查時所承諾的謹言慎行，保持國家最高考試機構首長的尊嚴，不再參加政黨活動，而致力於改進考試制度與業務。他也無須犧牲個人理念，只要自我檢點，避免用院長的崇高職位來推銷具有高度爭議性的政治主張就夠了。

值得重視而在這次辯論中反而只觸及邊緣，未能深入檢討的問題，其實是如何才能建立一個健全而且不受政治干擾的國家公務員制度。國父的五權憲法思想成熟於清末民初，那時國家情形與世界潮流，和廿一世紀的今日已經相去太遠。三民主義在各級學校已經不是必修科了，五權憲法自然也可以修改。但民進黨裡那些力主改為三權分立的人，只因為五權憲法帶有國民黨的印記，就認為非改不可，舉不出其它理由，也難令人信服。

孫中山先生在三權之外，多加的那兩權：監察權繼承了中國歷代相傳的御史傳統，而考試權則意在確立不受政權更替影響的中立文官制度。平心而論，動機無可厚非。實施幾十年來，也建立了雖不完美，卻尚能運作的公務員制度。貿然侈言裁撤考試院，恐怕會把國家的人事制度，弄得比現在更糟。

現在的考試院做到了國父當年理想嗎？當然沒有！原因很簡單，就是國家尚未完全民主時，行政權過度膨脹，遇有人事任免的案件，嫌考試院動作遲緩，礙手礙腳，索性在行政院下設置人事行政局，集大權於一身，把考試院給「邊緣化」了。所以如果追問是誰首先破壞五權憲法精神，國民黨也難辭其咎。

民主政治的真諦，本來就在讓各個治權互相牽制，避免其中之一獨大。所以行政院的法案要送立法院審議，而立法委員如羅福助涉嫌違法超貸，要由司法機關審判。民進黨如果真要使三權分立名副其實，首先要想想：如果沒有了考試院，難道由人事行政局來舉辦各種資格考試嗎？

我國現行的公務員制度，已有相當完備的法律體系，實施上雖難免優劣互見，大體仍瑕不掩瑜。從好處來說，公務員只要謹守法定分際，工作與退休都有保障，因此政府才能穩定運作，國家政策也能確保其持續性。民進黨雖然執政兩年，政府機關的綠化程度遠不如公營事業那麼引人非議，就是因為考試院與銓敘部多年來推行的文官制度已有相當基礎，換了個執政黨，短期間也難動搖其根本。

從壞處來說，任何人都能數出若干缺失，諸如：考績獎懲無法做到公正不阿，升遷難有客觀標準；同一個單位裡，越能幹的人越忙，而越懶惰的可以成天喝茶看報，主管對他無法可想。這種情形從中央到地方，任何機關都有，結果是劣幣驅逐良幣，真正受到影響的是國家行政效率。但這類問題舉世皆然，不是廢除五權憲法下的考試院就能解決的。民進黨要推行三權分立，不是不可以，總要提出言之成理，能說服國人且符合民主理念的配套辦法，才是負責任政府的做法。

真要扶植絕對中立的文官制度，使其超然於政黨政治之外，考試院仍有維持的必要。如談公務員制度應該事權統一，其實該把人事行政局併入銓敘部，不再受行政院的指揮，才符合人事中立的理想。否則像二二八放不放假那樣的小事，都要受行政院干預，太不合理。

尤其重要的，根據報載，人事行政局已在研擬「公務人員品德及忠誠特殊查核辦法」，對常任文官一體適用，而且正在規劃今後進用政務官以及競逐民選首長者，也須先通過忠誠調查。

這裡面觸及一個基本問題，就是把忠誠度的調查權，與就調查結果審核處理之權混為一談了，如真照此施行，後果不堪設想！

研擬這項辦法，不管當政者怎樣解釋，都是企圖無限擴張行政權的手段。儘管擬議中的實際調查工作勢須由法務部調查局擔任，在評估所獲資料時，生殺大權依然操在行政院手裡，勢必會把政治鬥爭帶進為國舉才的領域。美國雖然也有忠誠調查，但另有其制衡辦法。簡單地說，白宮對擬派任各部司處長的人選，交FBI調查忠誠度後，仍須移送參議院舉行公聽會審議，再經全院投票通過，美國總統才能予以任命。至於已經在任的官員，如有忠誠問題，則經FBI調查屬實後，必須移交法院審訊。在這兩種情形下，行政權只能調查，不能兼管最後的審核與處置，才不會引起球員兼裁判的疑慮。照人事行政局現在的規劃，實施忠誠調查只以行政命令發佈，已經有欠妥善。台聯雖主張制訂「國家忠誠法」，但對最關鍵的調查權與審核處理權應該嚴格分離一點，全無交代。由行政院所屬的一個機構調查某人是否忠貞，又由行政院之下另一機構審核決定是否應予任命或開革，簡直在走獨裁路線，不符民主制衡原則。縱容行政權一手遮天，必然會造成新的「綠色恐怖」，比當年「白色恐怖」更糟，使我國的民主再倒退幾十年。

廿七、闖使館抓人　北京自踐外交形象

（原刊九十一年六月十七日聯合報）

使館有不可侵犯的特權，且不乏庇護事例，大陸違反國際法基本原則。

北京外交部這幾年來，確實逐漸脫離過去「土包子」形態，好像有點大國風度了。但是六月十三日公安人員闖入南韓大使館領事部，強迫帶走投奔自由的一對北韓父子，且毆傷南韓外交官，又把辛苦建立起來的文明國家外貌，毀於一旦。北京外交部發言人劉建超在所謂「新聞吹風會」（中共外交部的原文）上，雖然強詞奪理，諉過於南韓，恐怕瞞不過世人耳目，對大陸在外整體形象，有損無益。

這次事件與五月八日五名北韓人民闖入駐瀋陽日本總領館，請求庇護的情形完全不同。當時日本總領館兩位出面交涉的副領事確曾用手勢及通過翻譯，同意中共武警進入領事館內，帶走北韓人；事後總領館還曾打電話給瀋陽市公安局表示謝意。只因為日本國內電視放映出這幾名北韓人被帶走時痛哭拉扯的悽慘畫面，引起輿論一致批評，緊接著媒體又挖出日本駐北京大使阿南惟茂在館務會議上早有免惹麻煩的指示，小泉政府才不得不硬著頭皮，裝模作樣地提出交涉。

中共認為日本的立場「站不住腳」，宣稱「不能接受」，態度異常強硬。外務省派「領事移往部」部長小野正昭專程去北京交涉，所得的唯一結果是這五個人最後被遣送到菲律賓，輾轉去了南韓。大陸既贏了面子，又順便對南韓施了小惠。日本只贏了裡子，在指責中共侵入總領館抓人這個焦點上，碰一鼻子灰，只好秉承對華「磕頭外交」的一貫作風，忍氣吞聲。

正因為同樣案件在對日本交涉時，大獲全勝，中共這次對南韓也採取同樣強硬立場。不知道五月初的瀋陽事件，錯在日本領事館同意武警進入館內，自失立場。而這次南韓大使館自始就拒絕中共人員進入，且攔阻達五個多小時，情形完全相反。中共發言人劉建超五月十三日在吹風會上的說詞，大略有幾個重點：

劉說按照國際法，大使館並無庇護權。就理論言，僅中南美各國簽有區域性政治庇護公約，其它各國間並無類似的條約，這一點劉是對的。但國際法是習慣法，歷史上不乏投奔外國使館尋求庇護的事例。最著名的莫過於一九五六年匈牙利革命時，樞機主教閔增蒂因前蘇聯軍隊悍然壓制匈國反共人民，逃入美國大使館獲得庇護，一住十五年，才被准許安全離匈。另外，一九八九年「天安門事件」後，知名的物理學家方勵之夫婦走避美國大使館，獲得美國保護，僵持年餘，方在中共默許下離境。而且此次事件的關鍵，不在外國使館有無庇護權，而在使館不可侵犯的特權，此點在一九六一年維也納外交關係公約第二十二條有明確規定，任何遁詞都難自圓其說。

北京自知在這點上站不太穩，所以言詞閃爍，前後不一。外交部領事司長羅田廣約見韓國公使金般洙表示抗議時，聲稱事件發生在「中國的公共場所」；劉建超則說被帶走的北韓人，是從韓國大使館「辦公樓大門外的保安室」帶走的，用意都在含糊其詞，模糊侵入應被視為韓國領土的大使館館址的事實。但那天上午十時卅五分兩名北韓人強闖南韓使館，雙方僵持到下午四時，中共才硬把人帶走。若真在辦公樓大門外的公共場所，何需對峙如此之久，互不相讓呢？

更荒唐的，是北京外交部一方面指責韓方濫用特權，不顧交涉，「阻止中國公務人員執行公務」；另一方面卻誘稱進入韓國大使館的人員「是民間保安公司人員」，和中共官方沒什麼關係，甚至要記者自行向韓館所在的「塔園公寓」去查詢是哪家保安公司的人員幹的好事。只有傻瓜才會相信在大陸嚴密統治下，居然有純民營的保安公司，不受外交部直屬「外國機構服務局」的管轄；如此自相矛盾，未免愚不可及。

繼瀋陽日本總領館事件後，五月廿三日也有幾名北韓人潛入北京韓國大使館尋求庇護。中共依樣畫葫蘆，讓他們取道第三國去了南韓。所以這次劉建超似乎振振有詞地說，南韓政府曾經明確向中方表示，「不願意也不希望」再有類似人員進入韓國大使館領事部，韓方也曾多次通過外交途徑要求中方協助阻擋。這兩句話雖然可信，仍然與大使館館址神聖不得侵犯的特權，完全是兩碼事。劉也指出，南韓內部有些「非政府組織（NGO）」不斷「安排更多朝鮮人進入中國」以凸顯北韓飢荒情形，是一種陰謀活動，韓方應該查辦。他的話雖然沒錯，問題是他不懂得南韓究非中共可比，政府不一定能掌控住NGO的活動，青瓦台（南韓大統領府所在地）也有它的難言之隱呀。

韓國政府為顧及所謂「陽光政策」，原先確實有意淡化類似事件。基於人道原因與顧及國內輿論，它對尋求庇護的北韓人民不能不收，但安置後卻要求他們安份守己，少刺激北韓。以南北和解為主要政綱的金大中統領，目前聲望已經跌到谷底。十三日舉行的地方選舉，反對他的「大韓國黨」在十六席省市長中囊括了十一席，包括最大的漢城與釜山兩市，而金大中的「新千年民主黨」只贏得四席，相去懸殊。離年底越近，金大中的跛鴨身份就越顯著。漢城市民在明洞中國大使館前示威，稱大陸為「外交的文盲國」，跡近侮辱。韓國民氣標悍，不像日本那麼好收拾，這場架恐怕還有得吵呢。

廿八、改良聯考？多元入學？面對事實！

（原刊九十一年五月廿九日聯合報）

不論增設多少學校，「明星學校」永遠存在；不論用多少錢，也無法讓所有學校變成明星學校。

有一百多位立法委員連署建議，取消呈現許多流弊的多元入學方案，回歸聯考制度但予以改良，他們所代表的民意不容忽視。簽署人包括各黨各派在內，證明這議題與政黨政治無關，確實反映幾達百萬家有學童選民的切身感受。他們的意見遭遇原本支持教改那群人的激烈反對，也是意料中事。主持教育大政方針者，此時應該摘下教改的有色眼鏡，面對理想與事實間無可否認的差距，毅然作出昨非今是的決定。

有朋友說，台灣能有今日的成就，非常重要的三項制度是：大專聯考、兵役義務、與國家用人考試的公平與公正。如無中華民族幾千年智慧與經驗累積下來的考試制度，隨便舉個例吧，家境清寒的陳水扁恐怕不一定能當上總統。有人硬要把聯考制度與國民黨舊政權混為一談，也禁不起考驗。因為蔣經國與方良女士生的幾個兒子，沒一個曾通過聯考這關。所以要談教改問題，首先必須與政治劃清界線，只談教育，不涉其它。

十多年前，確實因為有學生自殺，才使取消聯考的聲音一時壓倒眾議。但日本的學生自殺率為全球之冠，也沒聽說怪在什麼人身上。反對聯考者最大的理由，是認為「一考定終身」有失公正；尤其如果考試那天，應考學生湊巧生病或有其它事故以致影響成績，太過冤枉，這一點言之成理。至於其它理由，不外學生為應付聯考而參加補習，影響身心發展；書包太重，使學童失去笑容；過份注重分數高低，導致忽略德育或體育等。

但是改成多元入學後呢？補習班生意比以前更好，課外參考書名目更繁多，家長荷包的負擔比以前更高。許多學童被家長強迫去學樂器或舞蹈、做義工、參加社團活動，希望獲得加分，反而減少了讀書時間。從前背書包的小學生，現在要用手拖車才能裝下帶去學校的書籍。推甄信滿天飛，沒人敢相信它是誠意推薦，統統視為礙於情面不得已的應付手段，毫無價值。最壞的是，教師讓全班學生輪流擔任班長，或替所有學生寫內容相同的推甄信，等於在教導學生作假，不但歪曲了道德觀念，且與教育目的背道而馳。

為什麼在國外行得通的教育改革，到台灣就會「橘逾淮而為枳」呢？這自然並非全是教改論者的過錯。只是他們一心只從制度面著想，忘記計入中國人幾千年來「萬般皆下品，唯有讀書高」的傳統，以及「望子成龍，望女成鳳」的家長心理，才使教改離現實越走越遠。

世界各國都同意大學教育並非天賦人權之一，而是一種應由使用人付費的自由選擇。以美國之富強，也沒人主張廣設大專院校容納所有屆齡青年，因為那是可望而不可即的。我國教改卻以人人都能進大學為理想目標；台灣大專院校已接近一百五十所，密度高居世界之首，足以容納所有高中畢業生。問題在不論增設多少所學校，「明星學校」仍永遠存在人們心目中。國中畢業生拚命要擠進建中與北一女，高中畢業生除台大、清華外，不屑一顧，這是事實，不必夢想改變學生與家長們這種心理。多花錢也解決不了問題，我國各級政府預算總額已有百分之廿一點五用於教育了，再多加錢，也無法讓所有學校都變成明星級學府！

主張維持多元入學的少數立委，要求台北市與其他都會區立即試辦高中職採用學區制，來抵擋改良制聯考的浪潮，讀後真覺啼笑皆非。人人都懂得單憑戶籍所在地來限制學生申請入學，難不倒什麼事都有辦法的家長們。每次選舉都有幽靈人口移動，何況子女教育這等大事？這幾天的口水戰中，教育部長要民眾給他三個月時間，期滿如有百分之九十五的民眾仍主張恢復聯考，寧肯辭職，看了令人一頭霧水。這個百分之九十五的比率是怎樣冒出來的？立法院的覆議門檻也只有出席委員的三分之二呀。

改良聯考的方法很簡單。在成績方面，可學美國 SAT 或 ACT 一年舉行幾次「學業」考試，准許學生多次應考，每次得考自選科目，以成績最優的一次計算高中或大學入學分數。以 SAT 為例，從現在起一年內，有六月一日、十月十二日、十一月二日、十二月七日、明年一月廿五日、四月五日、與五月三日，總共達七次之多。只要繳得起考試費用，可以每次都參加，以最佳得分為成績。推甄信仍可作參考，但所佔比重降低，同一位教師發出多封內容雷同推甄信者一概退回。暑假末那次聯考，則純粹作為「選系」的性向測驗。這樣作法，既避免一考定終身的最大缺點，又保證聯考制度的公平性，應該得到納稅家長們的贊同。

廿九、國際告狀 台灣無門路

（原刊九十一年五月廿一日中國時報）

政府此次處理以觀察員身份加入世界衛生組織一案前後，明顯有若干疏失，實在需要檢討。像世衛組織那樣的大型國際會議，為避免人多口雜，都以總務委員會主持會議，略相當於中國的主席團。這個委員會的首要任務就是決定何項議題能夠列入議程。世衛大會的總務委員會，照理應由本屆大會選出的主席，五位副主席（波扎那、烏克蘭、尼泊爾、阿曼、吉里巴地）、甲乙兩委員會主席（愛爾蘭、塞內加爾）、與世衛組織理事會的三十二個國家組成。從這張名單，懂一點國際事務的人就可判斷，僅靠美國與日本支持是遠遠不夠的。我國要想通過這一關，在總務委員會裡至少該有半數以上的票，才能影響它的決定；希望今年得到教訓以後，不再重蹈覆轍。

為中華民國爭取國際地位，這一場輸了就該認輸，等明年捲土重來，不能學小孩子般哭哭啼啼要去告狀。日昨時論廣場宋承恩君〈控訴世界衛生組織？〉一文，雖然標題用了個問號，也指出究竟該告誰的困難，整篇文章的重點仍在鼓吹以「司法解決國際爭端的可能性」，極易誤導讀者。讀了宋君大文之後，感覺實在有闡明事實的必要。

設在海牙的國際法院，從國際聯盟時代就已存在。所以一九四五年舊金山首屆聯合國大會裡，把它的組織條例與聯合國憲章連在一起，視為憲章一部份，凡簽署憲章加入聯合國的國家必須也加入國際法院，兩者像是連體嬰。國際法院組織條例開宗明義第一條就說：「依據聯合國憲章設立之國際法院，乃聯合國之主要司法機構，應依本條例規定設立及運作。」

不是任何人都能到國際法院去告狀的，組織條例第三十四條第一款明定：「僅有國家始得為本院受理案件之一方。」非聯合國會員國能否作為國際法院受理案件的當事國之一方呢？雖然可以，但限制極嚴，第三十五條第二款規定：「本院接受其它國家為當事國一方之條件應在仍屬有效條約特別規定範圍之內，由安全理事會定之……。」而中共是安理會常任理事國之一，享有否決權，連小學生都知道。

從前引各條條文可知，倡議循司法途徑解決國際爭端者，實在需要重溫一遍國際法院組織條例。因為這三條裡，無論哪一條都該使我國知難而退了。再退一萬步說，即使沒有這些嚴格的限制，宋君曾否查看過國際法院的法官名單呢？

國際法院有十五名法官，國籍個個不同，雖然組織條例裡明定法官不代表出身的國家，人人都懂得那只是空話。這名中國籍的國際法院法官在台灣無人知曉，他叫史久庸，浙江人，今年七十六歲，上海聖約翰大學法律系畢業，美國哥倫比亞大學國際法碩士，取得學位後又在哥大研究國際法三年。回大陸後，進入外交部所屬國際問題研究所，兼在北大與其它學府教授國際法，四十年中參加中共與各國以及國際組織間涉及法律事務的談判不計其數，曾任北京市政協常委、第八屆全國政協委員。一九九三年底由大陸提名，次年二月當選國際法院法官。二〇〇〇年，由國際法院法官們互選為副院長。現任法國籍院長如果退休，他還有希望被選為院長呢。

有這些法律與人為的阻礙，考慮到國家尊嚴，我們真需要不顧死活去自取其辱嗎？

三十、敲世衛大門　不能大張旗鼓

（原刊九十一年五月十五日聯合報）

面對中共強大壓力，辦外交只能如鴨子划水。

我國試圖以觀察員身份去敲世界衛生組織緊閉的大門，第六次遭逢了滑鐵盧式的慘敗。政府原以為有美國布希總統的承諾，歐洲議會向歐盟執委會所提的對華策略性建議，加上我國委曲求全，避免與中共發生任何主權之爭，只以台澎金馬衛生實體名義去申請成為世界衛生大會的觀察員，可能有些微希望，結果仍然事與願違。昨天讀到報紙這條消息的國人，不論他的政治立場傾向泛綠或泛藍陣營，失望程度恐怕並無太大差異。

往者已矣，但一場戰役過後，總需認真檢討得失，才能避免以後再犯同樣的錯誤。否則年年重蹈覆轍，怎樣向人民交代？自退休後，我早已是局外人，僅能從報刊所獲資訊來猜測判斷，扁政府處理加入世衛組織案的手法，有以下幾點值得商榷：

首先，政府似乎過份注重由醫學界人士直接與其它國家醫學界訴諸理性的接觸，因而忽略了任何聯合國專門機構基本上仍具有的政治特質。李明亮署長僕僕風塵在國外奔走，辛勞無容置疑。但我國申請以觀察員身份加入世衛，基本上百分之百是個政治性案件，與醫藥專業扯不上關係。各國遇此類案件應如何投票，都由外交部門決定，主管衛生部會無置喙之餘地。政府曾否訓令所有駐無邦交國家代表處透過管道商請該國協助，至少在WHA會中不明示反對？有沒有嚴令各代表處積極交涉，並以結果作為年度工作考核的重要依據？

其次，面對中共強大壓力，辦外交只能如鴨子划水，不宜粉刷門面。媒體爭相報導各項準備工作，又把美國國會友我議員的言辭鋪張誇大，那是媒體搶新聞的本份，政府雖不便干涉，也無須湊在裡面，瞎擠熱鬧。日內瓦WHA年會，有衛生署李明亮署長旁聽，已經足夠了。請問此事與僑務委員會何關？張富美委員長坐在那裡所為何事？最荒唐的，總務委員會討論時正反雙方發言後，隨即由我國友邦薩爾瓦多籍的主席裁定不列入議程，顯示一切都早在會外定奪，我國代表團事前應已獲知。但媒體刊出的照片上，連高英茂也戴著耳機在場旁聽，恕我直言，未免把外交部政務次長的身份貶低了。

政權輪替即將屆滿兩年，外交部長換了兩位。執政黨的頭腦並未改進，仍然迷信美國是台灣的大靠山，以為唯美國能對世界發號施令。美國確實是世上唯一超級強國，但在今日多元國際社會中，會議外交大形勢下，世界衛生組織一百九十一個會員國裡，美國只有一票；波多黎各算是副會員（associate member），加起來也只兩票。卅二個理事國中，唯美國馬首是瞻者，怎麼算也不會超過四分之一。美國去年在聯合國人權委員會甚至落選，今年才勉強扳回席次。多邊外交取代雙邊外交，已是不可抗拒的趨勢。我們要想重回聯合國及所屬專門機構，美國的幫助自然重要，但仍然不夠，必須從其餘國家開始，多邊齊下，才有希望。

卅一、稅制缺陷　離均富越走越遠

（原刊九十一年五月十三日聯合報）

從課徵資本利得稅改革，設立稅務士，省下審核人力，多去查逃漏稅。

美國每年從三月開始，老百姓就開始為申報個人所得稅忙碌。四月十五日是申報最後限期，有些郵局會開門到午夜十二點，因為只要掛號郵戳上日期仍為四月十五日，就不算逾期申報；我國今年則以五月底為限期。但據報載，國稅局宣布說，過去夫婦共同申報綜合所得稅如有溢付情形，覆核後都會退稅。從今年起如再有人溢繳，就一概不退還了。

這難免引起質疑。國家的責任就在保護人民財產，哪有人民因計算錯誤而多繳了稅款，政府反而趁機吞沒的道理？大家都知道行政院正在鬧窮，竭力想開闢財源。但如果連政府都不顧及法治基本原則，這個國家會變成什麼樣子？真令人不寒而慄。

自古以來，省錢的辦法只有開源與節流兩途。舉債雖可濟急，無非把今天要花的錢，留給後世子孫去償還，既不公平，亦非治國之道。正因為凱因斯的赤字預算理論行不通了，美國國會才在一九九七年八月通過法案，嚴格規定自二〇〇二年起，聯邦預算必須收支平衡。連美國都不搞赤字了，我們應不應該循同一途徑找出一勞永逸之路，值得深思。

開源首先要在公平公正原則下，擴大稅基。軍人與中小學老師免繳所得稅，是政府遷台之初，為顧念軍教待遇特別清苦的臨時性措施。五十年來，軍人待遇早已超過類同等級公務員的薪津，更享有電費半價、醫藥免費等種種優待。部份中小學老師除正當薪俸之外，所教班級越高，補習費收得越多，已是公開祕密。軍人服役或教員服務滿一定年限退休後，可坐領全薪或半薪，再創第二職業。享受了這麼多年優待，最低限度應像其他國民一樣繳稅。這個最基本的原則，無人表示異議，但多少年來行政院就是不敢修法實施，讓人實在不懂是何道理。

我國所得稅法最大的缺陷，是只盯住苦哈哈靠固定薪津過日子的老百姓課稅，而不找有錢人去課徵資本利得稅。台灣半世紀來固然發展神速，但後果之一是貧富差距越來越遠，政府對財團愈來愈難控制。以致當年我們引以為傲的說詞，即我國收入最高的百分之二十人口的平均所得，與最低的百分之二十人口的平均所得，相差未超過五倍這件事，早已被扔進了垃圾堆。這不是一篇短文能說得清楚的，但絕對該列在稅制改革大題目下，至少先讓國人知道我們雖自由民主了，卻離「均富」目標越走越遠。

職司稽徵稅捐的財政部國稅局，在稽查逃漏稅時也太過鄉愿。大多數商店有兩本帳簿，無人不知，若非稽徵單位放任造假，怎會如此？台灣對營利事業申報所得稅審核之鬆弛，可稱舉世無雙。美國的國稅局對營利事業填報交際費作為營業費用，審核極嚴，必須每筆註明理由才能報帳，否則概予剔除。但在台灣，只要看任何餐館甚至超級市場，開發票前必先問客人，要不要打統一編號？便可知工商業者把自家的日常開支，都當作營業費用來報銷。社會上對之見怪不怪，其結果是政府少了許多稅收，誠實報稅的國民負擔加重，有違賦稅公平原則。

國稅局設計給個人用的綜合所得稅申報書，內容簡略是件好事。但如拿它與美國最基本的一〇四〇式申報書相對照，需要改進之處甚多，這篇短文無從一一列舉。隨便找個例子吧：美國申報書對已婚者而言，首先就問：你是已婚但分開個別申報，即兩人各填一張申報書，還是夫婦共同申報呢？但我國對已婚者一概不准分別申報，明明違反了民法親屬編夫妻財產制的有關規定。又如美國對個人另外向地方政府繳納的房地產稅，因仍從他該年所得項下支付，容許納稅人將這類稅款自綜合所得總額下扣除。我國就沒有同樣規定，等於「剝兩道皮」。

前些時曾有建立「稅務士」制度之議，先進國家早已行之有年。但在我國似乎因會計師公會反對，遲遲未能推行。兩者業務其實並無衝突或重複之處，而且社會愈進步，稅制必定愈複雜，一般人更難完全瞭解如何正確填報。希望立法院能早日訂定稅務士法，既可減少報稅者因無知而產生的錯誤，也使稽徵單位節省下審核人力，多用在查核工商業逃漏稅款上，阿彌陀佛。

卅二、別成了新聞自由笑柄

（原刊九十一年四月十二日聯合報）

搜索壹週刊、查扣雜誌、偵辦編輯記者、誹謗判決……

新新聞週刊案初審判決出爐，令人啼笑皆非。楊照與新新聞拒絕道歉，並將上訴，這齣戲還有得唱下去。我最擔心的，是判決在國外經媒體報導渲染後，文明先進國家的民眾會把台灣看成什麼樣的一個地方？他們會想：這裡還知道何謂新聞自由嗎？這兒還有一點民主與法治的氣息嗎？

不滿一個月裡，我國接二連三地發生了搜索壹週刊，查扣雜誌十五萬冊，將報紙雜誌的編輯記者依刑法「外患」罪偵辦，阻止國際書展陳列大陸書籍，禁止轉播大陸中央台電視節目，以及這次的誹謗判決種種事件。如果真有人在幕後操縱，要破壞台灣辛苦累積起來的民主自由形象，也不會做得如此成功，何況這一切都只是巧合？但是這麼許多巧合湊在一起，即使過去對台灣一向友好，堅信中華民國不斷在向自由民主邁進的國外友人，難免也會有點動搖，以為我們真的在開倒車了。

陳總統公開宣稱他百分之百支持新聞自由。但是從他的副總統到國安局長，從法務部長到台北地方法院法官，好像沒人注意到總統這番義正詞嚴的談話。真像大陸流行所謂「上有政策，下有對策」，你說你冠冕堂皇的門面話，他做他的「好官我自為之」，兩不相涉。即使第三世界最不像話的國家，也少見有這樣言行不一的政府。

且不提新新聞案誰是誰非，世界各國誹謗罪判決案例裡，我只聽說過有判罰一元以賠償名譽損失之事，卻似未見過有法官替原告考慮如此周到，責令被告在眾多家報紙、廣播電台、與電視台刊登或宣讀「澄清聲明」，連報紙所用字體大小，視聽媒體宣讀速率都規定得一清二楚。評論者已經計算出來，楊照如遵令澄清，所費恐將超過新台幣一億元。法官或許還洋洋得意，自覺很有創意，完全不曾想到會讓外國人笑掉大牙的後果。

大陸中央電視台有九個頻道，其中對國外廣播專用的第四頻道節目，在台灣被默許轉播已經有好些年了。我常舉這事為證明我國民主已經成熟的例子，說明過去威權時代嚴禁收聽大陸節目的措施實無必要。因為政治民主之後，老百姓有他們自己的判斷力，不可能因為收看北京的廣播，就有被洗腦變成共產黨的危險。這次不知是哪個機關下的命令，又不敢明白禁止，只說轉播者應向主管機關提出申請。料想申請案會被長期積壓不予處理，免得被立法院反對者攻擊。但這種做法，充其量只是掩耳盜鈴，仍然使外國人覺得台灣過去引以自傲的民主自由精神，如今到哪裡去了？

查扣週刊，以外患罪偵辦記者與編輯，更加嚴重。我相信上自陳總統，下至游院長，都無意使國家形象與民主成就受到絲毫損害。如何扭轉這些錯誤印象，重申我國尊重新聞自由的誠意，才是今日當務之急。

卅三、第二官方語文 不是鬧著玩的

（原刊九十一年四月二日聯合報）

假如英語是第二官方語，高鐵仲裁案即使有三分希望，恐也輸定了！

陳總統與民眾在網站上聊天，對台聯黨有些人要把河洛語列為官方語言未置一詞，但卻建議「可以考慮將英語列為第二官方語言」。這是一個很有趣的話題，我相信總統只是一時興起，拋出這樣一個嚴肅題目，背後並無隱藏的政治動機。讓我先舉幾個事例，來解釋何謂官方語言，以及它所包含的意義，使國人能從務實角度出發，看最近這些有關官方語言的種種建議。

南非在種族隔離時代，只有兩種官方語言，即英語和四百餘年前從荷蘭語演變而成的斐語。一九九四年ANC執政後，黑人語言自然也該獲得承認。由於南非種族眾多，一九九六年的新憲法於是把各族語文都列為官方語言，連原有的英語和斐語共達十一種之多。當時大家一團高興，覺得真做到種族平等了，待激情過去，才發現事情沒那麼簡單。因為既稱官方語言，則所有官方文書，從國會紀錄到各種法律乃至行政命令，都需要譯成這十一種語文，俾眾周知。這樣做豈但費用浩繁，而且法律用語需要謹嚴的文法結構，譯成非洲土語後，常常弄得無人能懂，才是問題所在。

這也是非洲各國共同的經驗。一九六〇年代非洲那些殖民地紛紛獨立，起先都傾向恢復固有文化，以保持民族尊嚴。遭遇到現實困難後，慢慢都不聲不響地仍以殖民母國的語文作為全國上下唯一的溝通工具。原因並非他們不愛國，而是原有的母語如與英語或法語相較，實在不夠條件。同樣的道理，今天在台灣如果拿教會所印的河洛語羅馬字拼音《聖經》，給那些倡言把它列為官方語言的台聯黨立委們去唸唸看，恐怕沒幾人能唸得出來！

再以國際機構為例。聯合國安全理事會官方語言最初只有英、法兩種。但這些年來，各個地區集團力爭的結果，現在已變成六種：英語、法語、華語、俄語、西班牙語、和阿拉伯語，比聯合國憲章規定的官方語文還多一種。這可不是鬧著玩的，因為依照規定，聯合國大會或安理會每次開會，僅這幾種語言間互相立即同步傳譯，就要耗費不少人力；而會議紀錄全文，次日早晨即應分發各國常駐聯合國代表團。聯合國祕書處因此必須雇用大批翻譯人員，整天整夜地加班趕工。

歐盟祕書處的情形更慘。歐盟現在已有十五個會員國，各國地位平等，任何文件都要譯為所有會員國的官方語文，以準備將來歐洲統合。試想希臘語、瑞典語、芬蘭語或丹麥語的文件，除這幾國人民外，有誰會去讀它？布魯塞爾的歐盟總部僅翻譯人員就超過千人。等東歐與南歐整批十三個國家正式入會後，歐盟變成廿八個國家，還要加入匈牙利語、波蘭語、捷克語、塞爾維亞語等等數不清的文字。我前年訪問歐盟總部時，一位官員向我說，他想起來頭就會疼。

我也贊成為適應全球化與電子化的趨勢，台灣有必要加強英語教學。因為老實說，我國大中學生目前的英語程度，遠遜於香港或新加坡。那是教育改革的課題，不在本文討論範圍之內。但如將英語列為第二官方語文，我國目前既缺乏足夠的人才，也沒有那麼多經費辦到符合官方語言的要求。

怎麼說呢？民國四十六年劉自然事件後，政府積極與美國交涉，簽署了在華美軍地位協定，此後凡美軍官兵在值勤時間以外的民刑案件，改歸我國法院管轄。駐台各美國單位因此注意到我國的刑事訴訟法規，需要發給駐台美國人員參考。四十九年（一九六〇年），我在新聞局任第二處處長，因職務經常與美方聯繫。美援單位因此來找我，說他們重新翻譯了刑法、刑事訴訟法與違警罰法三種我國法律，想在台灣出版。此事也確有需要，因為中華民國刑法自民國廿四年公佈實施後，第二年雖有夏晉麟等譯成英文，此後所有修正條文就再沒人想到譯成英文，更別說刑事訴訟法與違警罰法了。

經我協調後，富勒 (Lawrence J. Fuller) 與費雪 (Henry A. Fisher) 兩人合譯的這三冊我國刑事法規在台北以中英對照的形式出版，印刷費用由美方提供。如果我記憶無誤的話，富勒確實專研我國法制，曾任美軍顧問團軍法處長。三冊都由嫻熟英美法、時任司法行政部次長查良鑑撰寫序文。我和查次長商量的結果，每冊序頁上都印了一段話說：「中華民國政府一貫政策對所有法律均不發佈官方譯本，僅以中文原文為準。(It has been the consistent practice of the Government of the Republic of China to issue no official translation of enacted laws, and to regard the Chinese text alone as authoritative.)」美方起先還不大願意，經我解釋後才勉強接受。

如果立法院真通過以英文為第二官方語言，引起的行政、司法、經濟、社會、教育、與其它性質的問題必將數不勝數。政府會面臨想不到的麻煩，說不清的困擾。只拿歐洲高鐵聯盟與台灣高鐵間的仲裁爭議案來說吧，解釋有關法令時如只認定中文本為唯一版本，還有三分希望，加入第二官方語言，這場官司恐怕更是輸定了。總而言之，官方語言涉及國家根本體制，千萬不可當作兒戲。

卅四、美國國會如何對情治機構行使監察權

（原刊九十一年三月廿五日中國時報）

劉冠軍案終於產生了些正面效應。陳總統據說已決定讓情治系統法制化；立法院朝野黨派也紛紛各提不同的國家情報監督法草案。可見在憲法體制下，媒體揭露弊案必然會引起社會注目，從而迫使政府採取補救措施，國會考慮立法杜絕未來重演，這就是民主政治可貴之處。立法院如能設置「情治監督委員會」，對過去除總統一人外，誰也管不著的情治機構，一面藉法律保障提高其士氣，另一面則杜絕枉法違法的現象，才是國家之福，人民之幸。

美情治監督法　十分嚴峻

美國會一九八〇年正式通過「情治監督法（Intelligence Oversight Act）」，但七〇年代起就開始研究如何監督情治機構的問題。一九七六年五月，參議院先成立情治監督委員會，次年七月，眾議院也跟進。一九八八年爆發所謂「伊朗與尼加拉瓜反抗軍醜聞（The Iran-Contra Scandal）」，朝野視之為二十世紀美國最大的憲政危機，因而情治監督法又被大加補充修正。

現行的美國情治監督法，嚴峻的程度可謂舉世無雙。正因為美國是全世界唯一超強國家，

如無這項法律的種種限制，預算合計超過千億美元，人員總數在五十萬以上的這些情治機構，包括中央情報局(CIA)、國防情報局(DIA)、國家安全局(National Security Agency，其實只管全球電子竊聽)、聯邦調查局(FBI)、與國家偵察局(National Reconnaissance Office，負責太空攝影偵察)真可能會變成無法無天的一群猛虎，顛覆掉美國憲法精心設計的民主制衡的最高原則。

美國國會兩院都有情治監督委員會，參院者稱為 Select Committee on Intelligence，有委員十七人，多數黨九人，少數黨八人，由兩黨黨團會議選舉產生，任期八年不得連任，與一般參議員任期僅六年並不相當，但在資深制度下從無窒礙。現任主席是佛羅里達州民主黨的 Bob Graham。眾議院委員會的名稱裡多了常設一字，稱為 House Permanent Select Committee on Intelligence，有委員廿二人，包括當然委員的兩黨眾院領袖在內。由於本屆眾院兩黨席次遠較參議院懸殊，所以共和黨有十二人，而民主黨僅十人。現任主席 Porter J. Goss，湊巧也來自佛羅里達州。所謂 select，含有慎重選擇成員之義，被選者自知責任重大，自律亦嚴，這是與我國立法院文化最不相同的地方。

兩院的情治監督委員會權力相似，各自向本院負責。依法它們有權向各情治機構查詢所有情資，並藉審核預算為手段，規範情治機構當前任務與執行權限，隨時得主動調查並公佈任何違法或不當案件。參議院情治監督委員會還多一項職權，即對中情局的局長、副局長與督察長，以及聯邦調查局局長的任命有同意權。而且因行使同意權而辦理聽證會時，必須公開舉行。過去常有呼聲主張這兩個委員會應合併為一，以節省重複，並減少有權接觸機密情報的人數，但也有人反對，至今仍懸而未決。

軍售伊朗事件　舉國譁然

所謂 Iran-Contra 一案，簡單地說，是在雷根總統連任後期，白宮國家安全會議助理諾斯中校 (Lt.-Col. Oliver North) 無視美國政府禁止售予伊朗美製武器的法令，指使情治機構將若干新式武器祕密賣給伊朗，以交換伊朗政府釋放卡特總統時期即被監禁的美籍人質；而將所獲的價款，拿去支持尼加拉瓜的反共游擊隊。在諾斯眼裡，他拯救了陷在伊朗監獄裡的美國公民，而所得金錢又拿去作推翻另一共產政權之用，可謂以毒攻毒，一舉兩得。但媒體揭露後，舉國大譁，認為他雖然自稱問心無愧，卻觸犯了法律至高無上的原則，與美國立國精神不符。

機密是否公開　有套規範

本案當時是轟動全美的大事，為避免官官相護，國會通過派 Lawrence Walsh 為特別檢察官，耗資四千萬美元，前後查了幾年，到一九九三年八月才提出報告書。諾斯被起訴十六項罪名，審判後僅有三項定罪。這三項是：阻礙國會調查本案，變造公文書，與收受不當利益。諾斯本人算得上是正人君子，所謂不當利益，只是他用公款在家裡裝置了一套保全系統，以防伊朗或共產國家特務來暗殺他，費用很少。但在美國，挪用公款不問原因是否正當，或數額多寡，還是要定罪的。雖他抱怨說十二名陪審員都是黑人，但結果法官判處他的刑期很輕，實際並未坐牢。一九九一年他還出版了本書，叫做《敵火之下：一個美國人的故事》(*Under Fire: An American Story*)，他現在就靠此書版稅與海軍陸戰隊的退休俸為生。由此也可見，徒稱分文未落私囊，與奉天專案完全扯不上關係。

為避免再有同類事件發生，所以美國修正後的情治監督法，規定情治機構在國外採取任何祕密行動，須事先向兩院監督委員會報備。諾斯事件之後，國會把報備時限更縮短到計畫決定後四十八小時之內。各情治機構都需要定期向國會報告工作。例如聯邦調查局，它雖然只在美國國內調查刑事與反間諜案件，也必須每半年向兩院情治監督委員會提出厚厚的書面報告。任何對美國公民或有永久居留權人進行電子竊聽，更須定期向兩院委員會提報詳情。資料顯示，僅一九九二年一年中，各情治機構與兩院監督委員會、個別議員、甚至議員助理間的各種會議、簡報或非正式晤談，總計達四千次。督導其它情治機構的中情局，與國會間溝通更為頻繁，每年均在一千次以上。中情局局長親自到國會山莊就教，也超過一百次。

國會兩院情治監督委員會手中最鋒利的尚方寶劍，是有權對任何情治機構進行調查。下列五項中任何一項都可被引為調查原因：㈠媒體報導；㈡任何行政部門現任或卸任人員向委員會非正式傳遞或告密的訊息；㈢非政府機構或個人的控訴；㈣經正式管道向委員會提出的報告；

(五)任一議員提出的事項。換句話說，上星期壹週刊與中國時報刊出的報導，在美國就足以使兩院情治監督委員會據以開始調查了。

兩院情治監督委員會開會，除前述任命案公聽會外，通常都是祕密會議。兩會調查案件時，定將獲悉若干國家機密。它們能不能被公佈或對外洩露呢？自然不能。委員會如擬公佈所獲機密時，必須先通知白宮。總統得以書面表示反對，那時全案就會移到全院委員會去辯論，最後以投票決定。理論上如此，這種情形在歷史上從未發生過。白宮與國會之間總會找到折衷解決的辦法，不必走到這樣決裂的地步。

議員洩密　將被撤銷資格

兩院情治監督委員會有這麼大的職權，會不會濫權枉法呢？至少還未發生過。一方面，美國有社會公認的道德標準，議員們也知道潔身自愛，不敢濫用言論免責權，在國會發言時洩漏國安機密。另一方面，美國憲法第一條第五項規定，兩院得以三分之二多數，決議開除違法失職的議員，才是最重要的嚇阻力量。

我國憲法無此一條，但蔡同榮委員已準備在立法院提案，將來參加情治委員會的立委須先經忠誠調查，凡洩漏因監督而獲知國家重大機密者，可被撤銷當選資格。法律也應規定，情資應終生保密，不能因落選就無須保護國安機密了。

立法院若能照這些原則，從速制訂組織法，設立情治監督委員會，並修訂國家機密防護法，亡羊補牢，為時還不太晚。

卅五、台斐關係並非靠金錢才維繫住的

（原刊九十一年三月廿一日中國時報）

劉冠軍案扯到了中斐邦交的舊聞。報導劉案新聞的記者所根據的是劉個人的一面之辭。以一位僅是國家安全局的上校出納，雖然偷偷影印了「奉天」、「當陽」等專案李前總統批示過的原始簽呈，哪裡會知道遠在南非的真相？劉冠軍所說的話，與事實有很大的出入。

曼德拉單獨會晤李　是特別禮遇

民國八十三年五月九日至十五日間，李前總統夫婦率錢復部長夫婦來南非，參加曼德拉總統就職典禮。因為那是象徵南非結束種族歧視，完成民主化的歷史事件，真箇冠蓋雲集：美國由柯林頓總統夫人與高爾副總統夫婦代表，英國由查爾斯親王代表，其它各國元首不計其數，僅非洲就有四十幾位總統來賀。其餘受人注目的世界級人物如古巴總統卡斯楚、巴勒斯坦主席阿拉法特等，在人堆裡擠來擠去，連讓路的人都不多。李前總統除出席九日晚歡迎各國特使團晚宴，與次日典禮前後在南非總統府裡舉行的早餐與正式午宴外，五月十一日下午在曼德拉親自主持南非新內閣首次會議後，還與曼氏單獨會談了五十分鐘，已經算特別禮遇的了。

總統與總統會晤，哪裡可能像昨天報導所稱，斐方拿斷交來恐嚇我國？劉冠軍真是在胡說八道。當時所談的都是冠冕堂皇的話，雙方沒有一句話涉及金錢。執政黨非洲民族議會 (ANC) 祕書長當時是拉瑪波薩 (Cyril Ramaphosa)，也從來沒和我談過希望補助該黨的事。其實是該黨總財務長 (Treasurer-General) 恩柯比 (Thomas Nkobi) 早在四月底選舉前，就向我訴苦說，白人執政黨 NP 資金雄厚，ANC 為競選宣傳所需，已經負債南非幣八千萬鍰，依那時幣值約合兩千萬美元，無力償還，不知如何是好。

我聽在耳裡，因為當時兩國邦交關係混沌不明，並沒有接嘴，也未向國內報告。中共原擬由江澤民親自率領外長錢其琛、國防部長遲浩田來南非參加就職典禮，同時商談建交。但被我們搶著機先，北京生怕如兩岸同時來斐道賀，會引起兩個中國的聯想與誤會，因此一再降低慶賀代表團層次，最後派來的只是人民外交協會副會長、曾任駐突尼西亞大使的謝邦定。李前總統抵達南非前一日，謝邦定有南非共產黨從中拉攏，已經覲見過曼德拉了。曼氏態度很堅定地告訴謝某說：南非感謝大陸過去對南非解放運動，尤其對 ANC 的援助；但新政府將與全世界所有國家為友。換句話說，南非那時尚無意接受中共的要求，與我斷交而與大陸建交。他的談話內容馬上就為我國大使館獲悉。

李前總統與曼德拉會談時，也感受到曼氏的真誠。他離斐前夕，問我應如何加強兩國邦誼，我趁勢報告 ANC 負債累累的情形。因為我從側面獲悉，馬來西亞的馬哈地總理已經答應補助他們一千萬美元，所以建議我國捐助尚無著落的另一千萬元，曼德拉一定會銘感在心。李前總統爽快地答應了，回國後就指示國安局殷局長宗文照辦。我從日記裡查出來，此事直到六月中旬，台北來電告知本案已奉核定，款即撥匯後，我才在六月廿日親自告知曼德拉。這就是全案的來龍去脈。

中共展開銀彈攻勢　外交壓力大

只會指責政府搞金錢外交的人，恐怕不瞭解這消息在南非早已不是新聞，更不會知道洩漏者竟是曼德拉本人。此人之誠實坦率，有時到了可愛的程度。我和他混熟了後，他什麼事都不瞞著我。例如有次聊到他一九九二年初次訪問東南亞的收穫，他說馬來西亞給了他一千萬元，新加坡給了一千萬，印尼也給了他一千萬，唯有汶萊蘇丹只給他十萬美元。我聽後一口茶險些吐出來，只好向他說，汶萊蘇丹是全球鉅富之一，十萬美元對他而言，與我拿十塊錢差不多，兩人一起大笑。

早在一九九二年十月二日，曼德拉訪問北京，國家主席楊尚昆親自陪他檢閱儀隊，風光異常。七日他回到南非，在約堡機場舉行記者招待會時，就不經意地透露，此行曾獲得大陸「財政與物資上」(financial and material) 的援助。我去問恩柯比，他老實地告訴我說，中共給了 ANC 一千萬美元，並承諾將提供 ANC 武裝部隊 MK 的軍服、毛衣、皮帶等物品。說老實話，我們與大陸在爭取邦交國上雖有競爭，但從來無意像拍賣時那樣競相出價。我只向李前總統建議捐助一千萬元，雖與曼德拉那次訪問大陸所獲之數無關，如今回想，我下意識裡可能也受到點影響。

南非媒體搶新聞之無孔不入，與台灣有點相像，但新聞界自律則比我國強得多。曼德拉對人又毫無機心，一九九五年中，他好幾次向別人提起過受到中華民國援助，連數目也直言不諱，那些記者朋友都來告訴過我，卻沒有人執筆報導。與其歸功於這些人對我國的友善，不如說他們尊重曼德拉總統的職位，且認為南非本國的體面更加重要。直到南非共產黨受大陸慫恿，從ANC 內部施壓，這條新聞才爆發出來。

南非披露各方援款　無祕密可言

一九九五年十二月，ANC 召開全國委員會，有似我國各黨的中央委員會，斐共發動全面攻勢，鼓吹與大陸建交，事先安排好利用媒體打頭陣。十二月五日，左傾的每週郵報 (*Weekly Mail and Guardian*) 女記者 Gaye Davis 打電話訪問我，詢問我國曾否予 ANC 財務援助，我當然否認；並且立刻通知總統府。第二天曼德拉親自回電話給我，說別理它，沒有多大關係。但八日出版的該報，以四開封面全版以及二、三、四版，大做文章。套紅斗大字的標題質問：「南非的外交政策是可以出賣的嗎？(SA Foreign Policy for Sale?)」

到十二月十二日，南非總統府發佈了一則新聞，說明曼德拉過去訪問過許多國家，無一不對 ANC 有所捐助。這種援助與外交政策並無關連。因為南非的外交政策必須以國家利益為考量。這些經過，當時都有電報呈報外交部。所以如純就保護國家機密而言，奉天專案下資助 ANC 的那筆款項，在南非早被洩露，實在不能算是祕密。而今在台灣鬧開來後，既然中斐間已無邦交，對國家利益也無任何實質損害可言了。

卅六、組織精簡　不等於政府改造

（原刊九十一年三月十八日聯合報）

嚷嚷了幾年的「行政院組織精簡方案」，終於快出爐了。全案預定等行政院會正式通過後，趕在四月底前送請立法院審議。這個改造方案，牽涉一半以上的部會等一級政務機關；如獲通過，為數龐大的公務人員就要「搬家」；對今後政府施政效率，勢必有重大影響。

過去行政院所轄機關，政務與事務不分。以致部、會、局、處與總署五種不同單位外，還有中央銀行甚至故宮博物院，一共卅幾個單位。全世界各國，從沒見有這麼組織龐大而效率低落的「內閣」，與公共行政的學理也不符合。這次總算想通了，釐清各單位的本質，分成業務機關、幕僚機關與獨立機關三種，不能不說是有點進步。

但「業務機關」一詞的確實涵義仍舊不清不楚，應該改為「政務機關」才是。世界各國政府裡的「部」，意指制定政策、領導施政方向、且有裁量權的中央機關。民國六十年修訂的行政院組織法，只設八部二會，各部管轄的範圍非常明確，便是這個道理。自然，時代進步了，社會變複雜了，管理眾人的事務越來越繁複，單位非增加不可，管轄業務也必須再加調整。這次擬議的「環境資源部」、「公共安全部」、「運輸建設部」，和名稱尚未確定的「社會安全與人力資源部」，顯然是為因應廿一世紀需要的點子。就動機而言，未可厚非。

大陸在一九九八年第九次人大通過的改組國務院案，把四十個部裁減歸併為廿九部，以及日本去年元月六日施行的中央政府改造案，把廿二個部裁減成十二部，都有值得台灣借鏡之處。大陸國務院那次改組，主要是拋棄社會主義計畫經濟的陳腐觀念，裁撤那些主管不同工業的部會。日本的改造方案有四項口號：建立有效政治領導，重組中央行政體制，政府行政透明化，與中央機構瘦身。所宣布的目標是要把中央公務員與二級機構的數目在十年內各裁減百分之廿五。小泉首相靠這個方案雖曾獲得超人氣的民眾支持度，卻自開革外相田中真紀子後，一蹶不振。這套改革方案，看來未必能全獲實現。

以鄰為鑑，行政院與總統府諸公，在決定組織精簡方案之前，有幾點應重加考慮：

首先，嚴守各類機關分際。只有真正主管一項明確業務的政務機關，才配稱為部。研考會原先將陸委會與客家事務委員會定位為幕僚機關，立意正確。因為它們自身並不執行業務，只替行政院研究並制定政策，分交有關部會執行。這不是幕僚機關是什麼？但據報載，有關首長力爭後，又改回去變成業務機關。經建會的工作與責任比這兩個會重要得多，經建會能接受幕僚機關的定位，這兩個會為何不能？這完全是因人成事，屈服於政治考慮的結果。此關不守，還談什麼政府改造？

其次，「獨立機關」一詞顯然是從日本改造政府案裡學來的。其意是這類機關只能依法行事，不被政治考慮左右，因此其首長不必列席內閣會議，也不必看院長的臉色行事。中央銀行、金融監督管理委員會與公平交易暨消費者保護委員會等列為獨立機關是正確的。美國稱此類機構為「管理機構」，意思是它們除依法管理之外，沒有制定政策的權力；該怎麼辦就怎麼辦，也無自行裁量的迴旋餘地。退伍軍人事務委員會，乃至將來如果證券市場管理委員會能從財政部底下獨立出來，都應歸入此類。

最後，組織精簡與政府改造，並非同一件事，也無因果關係。游院長已經樂觀地高談保護公務人員的權益，似乎機構裁併後，明天就會有大量人員多餘出來了。當初廢省之時，也有人樂觀地預言政府每年可以節省五千億元經費，這些錢到哪裡去了呢？須知某項業務改歸另一個部會管理，結果不一定會裁員減政，往往只會更增加業務或人員。以水資源為例，統一管理後，恐怕職權會更擴張，人員也必須增加以適應業務需要。現在就奢談瘦身，還未免早了一點。

卅七、駐外機構更名　何苦自找麻煩

（原刊九十一年二月廿八日聯合報）

英文有句俗諺說得好，任何事物「假如還沒壞到不堪使用，就別去修理它。(If it ain't broken, don't try to fix it.)」我們的政府似乎還不懂這個道理，變更護照封面字樣的風波剛剛落幕，現在又要把駐在無邦交各國單位好不容易才統一起來的名稱「台北經濟文化辦事處」，統一改為「台灣辦事處」或代表處了；而且將在美國首先實施。據說已經開始與華府洽商此事。

外交部透露，從前年八月起，經過三次民調，贊成使用「台灣代表處」或「台灣辦事處」的民眾都超過半數，甚至高達七成。我並不懷疑這些數據，因為假如中共不反對的話，我也不在意它怎麼改法。但是國家的外交處境特殊，全民皆知。上次護照更改封面，用的是打橋牌偷雞的手法，勉強過了關。這次緊接而來，大陸肯定會以異樣眼光看待，北京勢必向美國強烈交涉，問題遠大於上次茶杯裡的風波。

駐外單位名稱前冠以台北字樣，而不用台灣，本來就是迫不得已的做法，無人感到滿意。如果追本溯源，中共也不能完全辭其咎。兩個月前，在上海一場討論兩岸關係展望的座談會裡，我曾半開玩笑地向大陸學者們抱怨說，早年在任何國際場合，你們堅持中國只有一個，不容許台灣以中華民國為名。現在民進黨執政了，你們怕它搞台獨，又堅決反對我們使用台灣二字。台灣究竟該怎麼自稱，才不致引得大陸反對呢？這些學者也只好陪著我笑，不知如何答覆才好。

中共這項邏輯之不通，它自己在外交上的實踐就是反證。過去東德與西德並存時，北京與雙方都有外交關係，今日北韓與南韓也都是大陸的友邦。東德、西德、北韓、南韓當年加入聯合國時，中共並未反對。東西德早已合併為一了，江澤民剛還答應布希將勸說北韓與南韓坐下來談商。可見一個主權國家內，本可有兩個政治實體。只是大陸拳頭大，嗓門高，硬不講理，別人拿它毫無辦法而已。

就因為大陸自視為唯一能代表中國的政府，因此凡承認並與大陸建交的國家，在北京壓力下，毫無例外地不讓我方派駐單位使用任何帶有國家意味的名稱。七〇年代，我國駐外單位在西班牙稱為「孫逸仙中心」，在奧地利叫「中國文化研究所」，在日本成了「亞東關係協會」，在美國則是「北美事務協調委員會」。其間辛酸，唯有走過來的人才點滴在心。

政府經過多少年的努力，配合我國國力的提升，才能把這些稀奇古怪的名稱，統一成「駐××台北經濟文化辦事處」，得之不易。要再去改動它，除非有把握能為世界各國接受，而且不致遭到大陸動員一切力量反對，否則的話，恐怕還是一動不如一靜為宜。

卅八、兩岸坐下來談　此其時矣

（原刊九十一年二月廿五日聯合報）

布希總統夫婦亞洲三國的訪問結束，凱旋返美。此行既對日本、南韓與台灣表示了最大善意，對大陸而言，也給足了江澤民與胡錦濤面子。白宮與國務院這次的幕僚作業，十分細膩，在每國停留時間的長短，對微末細節的注意，處處可見匠心。就整體效果而言，比柯林頓上次大陸之行高明得太多，再加上美國領導反恐聯盟的成功，布希總統今日豈止在國內，即使國際間的聲望，也好比日正中天。難怪曾為民主黨競選對手的高爾銷聲匿跡，蓄起半長的絡腮鬍鬚，好像暗示要退出政壇的模樣了。

去年四月軍機碰撞事件以來，中共雖在申奧與入世兩樁大事上奏功，確立了它在「一超」之下「多強」之一的地位。但認識到地緣政治的現實性，仍致力於改善對美雙邊關係。十月上海APEC高峰會，布希承諾今年將來華訪問，北京原希望能定位為「國是訪問」，至不濟也要當作「官式訪問」，藉以凸顯兩國邦交的親密。但美國堅持只能算「工作訪問」，江澤民曾公開提到這點小小爭執，語氣中有點失望。這次在人民大會堂的室內，接受軍禮歡迎，檢閱儀隊，也開了舉世未有的禮賓先例。

為籌備這次布江會，華府與北京在日程與細節安排上勾心鬥角的程度，令我也歎為觀止。布希總統這次在北京的表現可圈可點，媒體已經報導得鉅細靡遺，無須贅詞。他果然不負眾望，豈但未提柯林頓的「三不」，在清華大學還搬出了台灣關係法。雖然忙中有錯，因為那只是美國自身的國內法，而非任何國際間的「協議」，那批準備有素的清大學生還是被唬住了。台灣因此興起一片彈冠相慶之聲，雖然略嫌肉麻，也還可以原諒。

問題在於：布希總統的動機完全基於美國的國家利益，對我國友好只是所生的副作用，台北無須因而感激涕零。假如前年當選的並非布希，而是柯林頓的副手高爾，那麼此次「高江會」的結果，恐怕會比重申「三不」更壞。假使有那種事發生，我國也不應如喪考妣，認為天快塌下來了。

北京這次在布江會投入了大量政治資本，結果卻乏善可陳。中共未在台灣問題上討到便宜，難怪布江雙方在其它議題上——飛彈技術擴散、改善宗教自由、合作打擊恐怖份子等——繳的都是白卷。算來算去，胡錦濤將應錢尼副總統之邀初度訪美，與江澤民在十月 APEC 會前順道去趟華府，竟成為新世紀首次中美高峰會唯一可拿來報帳的成績。北京固然早就一再強調對美關係須「求同存異」，但面對小布希挾阿富汗戰勝餘威的不妥協態度，勢必也要重新檢討「世事一局棋」的大方向吧。

外交須操之在我，如時機適當應即採取主動；與對手談判應選於我有利的時機進行。這些道理人人都懂得，卻不見得能身體力行。中華民國好不容易盼到了目前對我略顯有利的國際局勢，正該把握機會，向大陸多表達一點善意。我們應該把錢其琛紀念江八點七週年的談話，看作對岸有意重開兩岸接觸之門的前奏曲。北京也該把陳水扁總統春節提到兩岸關係「三多、三少」的談話，認作台北誠意伸出象徵和平的橄欖枝。

布希避免用「和平統一」的字眼，寧可使用「和平解決」一詞，並非什麼新花招，用意只在堅守中立，不偏袒兩岸任何一方，這是美國一貫立場，其源來自雷根總統的六項保證。布希既有此期望，我們正該循正式或非正式談判途徑，利用WTO或其它管道，減少隔空喊話，恢復辜汪會談，務實地逐步推動三通。至於最後結果如何，儘可留待歷史去解決。

良機來時往往無人能識，而又轉瞬即逝，錯過了將來就會後悔。我曾為文回顧當年聯合國席次問題，指出一九六六年我政府鑑於大陸被文化大革命鬧得天翻地覆，因而竭力反對「義大利提案」，失去了兩岸同為聯合國會員的唯一機會，造成今天台灣在外交上的困境。殷鑑不遠，希望執政者能為國家長久前途著想，不要把所有的雞蛋，都放在美國那一隻籃子裡。

卅九、純屬政治語言

（原刊九十一年一月十五日聯合晚報）

鬧鬧嚷嚷三天後，護照上加註英文「在台灣發照」字眼已成定案，再吵也沒有用了。總統府的謀士們正洋洋得意，既對堅持台獨路線的華府「台灣人公共事務協會」送上成立二十週年的賀禮，也贏得基本教義派雖不完全滿意但可接受的支持，更掩蓋了李前總統親自到年會致詞的光芒，可謂一魚三吃，取得了低成本高收穫的效果。

蔡英文、張富美等人企圖淡化的解釋，只是官場流行的一週外界批評，即圖粉飾的違心之論。去年七百三十萬人次出國旅遊，只有三十件被誤認而向外交部申訴的個案，可見護照上加不加台灣兩字，並非必須處理的問題。一切考慮純粹出於政治，再巧辯的言詞也無從遮蓋真相。

陳總統最後選擇不採取姚嘉文等急獨派希望把台灣一字用括弧緊接在中華民國之後的主張，也迂迴避開統派可能的指責，使在野黨進退失據，空放些釋憲或砍外交預算的大砲，就政治手腕而言，堪稱巧妙；這是他善於應用政治語言的另一例證。這令我想起，一九六二年古巴飛彈危機後，英文裡多了個很難翻譯的新字 brinkmanship，其意為雙方相互試探底線，直到觸及戰爭邊緣，才戛然而止。陳總統這次的表現，可視為此字的最好詮釋。

但是大陸在兩岸關係上的底線早已明言。陳總統就職演說的「四不、一沒有」，也顯示他清楚地認識到，不宜越過這條底線，以免為國家帶來生靈塗炭的危機。問題就在於此，政府目前不急於重振台灣經濟，老在兩岸關係上去試探對方底線，除滿足獨派群眾心理之外，還有什麼好處呢？

四十、寄望下屆立委　讓陽光照耀國會

（原刊九十一年一月十五日聯合報）

從撤簽「電玩法」看「遊說法」遲遲未能制訂。

朋友間閒談，每逢提及立法院亂象時，總有人慨歎台灣雖然民主了，卻未見其利，先蒙其害。這種看法上可推及總統選舉，下可適用於任何問題。近幾天「電子遊戲場業管理條例修正草案」在立法院掀起軒然大波，朝野政黨紛紛撤回簽署。民意也都認為其中難免有不肖委員拿了五十萬到三百萬不等的賄款，準備趁休會前紛亂之時，讓修正草案過關。不論通不通得過，這件事似乎又一次證明了民主「弊大於利」的偏激論調。

從報章評論到電視叩應節目，大家都說，到了該制訂「遊說法」，來規範利益集團挾巨資影響立法的時候了。有人引述美國「遊說公開法」(Lobbying Disclosure Act of 1995) 作為榜樣，又牽扯上美國的「外國代理人登記法」(Foreign Agents Registration Act of 1938)。其實這兩條法律是截然二事，只有當委託遊說的客戶是外國人時，才有關連。卡西迪公關公司 (Cassidy Associates) 雖然在美國公關業中雄居首席，每年收入超過二千萬美元，它的顧客群仍以美國團體為主，從 Adelphi 大學到棒球聯盟，都委託它在美國國會做公關。我們固然可以懷疑：美國現在是共和黨執政，而卡西迪與民主黨關係較為密切；在此情形下，台灣每年拿二百萬美元給卡西迪，值不值得？但這與台灣當前急需立法，制約利益團體遊說立法院，因而損及人民權益的問題，究竟無關了。

討論「遊說法」問題，有幾項觀念必須先予釐清：

第一，在民主制度下，遊說是不可避免的事，人民有言論、集會結社、與請願的自由，其中自然包括向立法機關說明對某事看法的權利。只有以賄賂手段「買通」了立法委員或各級議會議員，讓他們護航某項法律，才算犯法，而賄賂如何認定，實屬不易。制訂遊說法，目的在防阻違法行為。美國僅華府一地，登記的遊說人達一萬二千人，每年總收入超過十四億美元，比外蒙全年國民總所得還高。華盛頓的K街已經成為遊說公司的代名詞，好像紐約的華爾街代表美國銀行界一樣。我們要未雨綢繆，阻止同樣情形在台灣發生。

第二，要制訂遊說法，必須能達成防阻不當利益輸送，杜絕黑金政治，與嚴禁不法關說的目的。牽涉範圍既廣，就必須有配套法案同時提出。因此「政治獻金管理條例」與「政黨法」應與遊說法同時審議。牽涉到「公職人員選舉罷免法」、「公職人員財產申報法」、「利益衝突迴避法」、乃至「公務員服務法」有關的條款，也都該同時修正。像現行選罷法裡那些陳義過高，因而無從執行的條款，應該務實地修訂，然後嚴格執行。不能像現在那樣，大家都在明知故犯，當政者可以選擇性執法，以致有法等於無法。

第三，假如有人以為現在來草擬這麼多法律草案，勢將曠日廢時，他就大錯特錯了。前政府執政時，這些草案早就由行政院送到立法院，而當時的反對黨也提過不同版本。在立法院的「遊說法草案」有六個版本之多，已經睡了兩年覺，其它配套法案也都被擱置在旁，所以立可審議。若無此次電玩法的風波，這些草案還會繼續躺在那裡，無人理會。本屆立法院只剩幾天了，但下屆有許多新面孔，以澄清吏治，刷新國會形象自許。不論現政府是否把這件事視為當務之急，只要這批新科立委能破除情面，全力推動，下月開始，正可把國會自律運動，作為與過去劃分界線的分水嶺、里程碑。

民主本來是世上最浪費、效率最低的政治制度。只是至今為止，它還比任何其它制度略勝一籌。美國的遊說公開法至今也不過六年，內容有欠完備，經常受人詬病。我們在民主道路上已經走到這一步，只有靠選民不斷督促，媒體從旁監視，才有希望樹立一個更佳的楷模，不辜負第三波民主化之名。

四一、謀士能取代政府體制？

（原刊九十一年一月十日聯合報）

總統府裡設「台俄工作會」、「對日專案組」……

掌握政權的人，急求事功，常會覺得事權不夠集中，抱著滿腔熱血想要除舊佈新，卻總被官僚體系搬出一大堆理由，推三阻四，以致壯志難酬。不但中國如此，美國何嘗不然？一九六二年甘迺迪就任美國總統，未滿一年，他就向訪賓抱怨說，要國務院辦成一件事，比要大象生隻小象還難。別人問他此話怎講？甘迺迪解釋說：因為不但讓兩隻一噸多重的大象發情交配，困難重重，而母象懷孕後，要等廿二個月，小象才能出生。

這樁軼聞給我的印象很深，因為之前我也不知道大象懷胎期間要這麼久。甘氏那時才四十三歲，剛做總統，對政府系統動作之遲緩，氣憤可以想見。當時我也不到四十歲，對他的不滿頗感同情。但馬齒日增之後，想法逐漸改變，慢慢才悟出政府制度之所以如此複雜，背後實在有它的必要性。就因為甘迺迪缺乏耐性，貿然批准中情局利用古巴反共人士進軍豬灣，臨時又不敢動用空軍支援，以致全軍覆沒，使卡斯楚坐大四十年，在甘氏短短三年的總統任內，留下永久無法磨滅的污點。

任何國家的外交關係，都複雜萬分。有關國防與外交事務，憲法雖特別賦予總統指揮之權，但也規定行政院才是國家最高行政機關；行政院下的各部會各司其事，即使需要統合，也該由行政院挑起這副擔子。這道理很簡單，外交部在世界重要地區都有使領館或代表處，包括俄羅斯在內。駐外機構最重要的任務，就是透過熟悉的駐在國人士，注意當地政情，隨時向部內報告。對任何一個國家，外交部部次長與主管該國的地域司司長，因為掌有最新最完整的資訊，應該是最清楚該國情勢的人。他們的瞭解、意見、與判斷，不容忽視，更不該棄而不用，另起爐灶。那樣做豈但易致偏頗，而獲得的結論，更可能誤導政策，損及國家利益。

兩年半前，李前總統遽爾宣佈以三億美元援助科索伏，便是聽信了不知何人的建議，全未諮詢外交部意見，率爾操觚之一例。那次決策之草率，既未考慮巴爾幹半島複雜的政治情勢，也不顧科索伏地方政權與南斯拉夫及鄰近國家如馬其頓間的矛盾，甚至沒想到我國目前處境下捐錢還得看別人臉色的困難，一廂情願地親自召開記者會發表消息，稱之為「千載難逢」之良機，才落得那樣下場。李前總統要讓台灣走出去的動機並沒有錯，錯在總統府裡即使謀士如雲，也無法取代外交部的組織與資訊機制的周全。仔細想想，甘迺迪豬灣之敗，原因何嘗不然？

聯合報本月五日報導，總統府繼去年十月成立「對日專案組」後，又在考慮設立「台俄工作會」，至今未見有消息否認，可見並非空穴來風。這種破壞憲法規定的政府體制，隨便在總統府內設立任務編組單位，不問人數多寡，久而久之，必定導致職權不分，責任不明的後果。

俄國豈是那麼容易就拉得過來的？九一一事件後，美、俄雖大體共採反恐怖主義立場，兩者間互相防備的戒心並未稍減。美、俄與大陸間的三角關係微妙異常，每一方都想聯甲制乙，遠交近攻，圖謀霸權。台灣想在火中取栗，未免太不自量力了。

最奇怪的是消息中所述要特別設立「台俄工作會」的理由。我敢斷言無論現政府或前政府，以前從未指示外交部向此方向試探過。現在卻以外交部「推不動」為詞，所以才由總統府來統合，更是奇特。不管誰是總統府裡的外交策士，從去年處理APEC領袖會議出席人選的前後失據，可見其想像力雖如天馬行空，卻缺乏實務經驗。外交與選舉究竟不同，用高空放話的法子來辦外交，到頭來吃虧的還是全國人民。

四二、拿破崙第二任皇后瑪麗露薏絲

（原刊九十年十一月廿二日中國時報）

十八歲開始這段沒愛情的婚姻，只共同生活四年。

日前到台北國父紀念館參觀「王者之王——拿破崙」大展，心裡有許多感觸。

廿二年前，我奉派為駐奧地利代表，有幸在音樂之都維也納住了兩年多。在此期間，迷上了奧匈帝國興亡史，到處找書來看，在金碧輝煌的古都裡，尋覓過去。這些大大小小人物中，使我特別感興趣的兩人，一是拿破崙的第二任皇后瑪麗露薏絲 (Marie Louise of Hapsburg)，另一是後來做到奧國首相的大外交家梅特涅 (Klemens von Metternich)。這兩人生命中唯一交會之點，就是她被迫嫁給拿破崙的那段破碎姻緣。

拿破崙最初的打算，是娶俄皇亞歷山大一世 (Tsar Alexander I) 之妹為后，希望藉此與俄國聯盟，稱霸歐洲。不想派去說親的人惹怒了沙皇，亞歷山大一世回答說，我的妹妹是天潢貴冑，怎能下嫁那個科西嘉島出生的下士？特使據實回報，拿破崙自然大怒。兩年後他入侵俄國，種下最後失敗之源，也與那次所受的侮辱不無關係。

一八一〇年一月廿一日，拿破崙召見奧國駐法大使梅特涅，說他決定要娶一位奧匈帝國的公主為后。他要奧國在四十八小時內答覆同意，如逾期不覆，他就再次揮軍入侵奧國。這項提婚也具有政治意味，因為法國是西歐霸主，奧匈帝國則是中歐最富有的國家。而在此以前，法國已經打敗過奧國兩次，一八〇〇年的瑪倫戈 (Marengo) 之役，與一八〇九年的華格蘭 (Wagram) 之役，奧國都大敗虧輸，拿破崙恫嚇的結果，自然奏效。

這則一百九十年前的故事，我發現有兩種不同的說法。其一是梅特涅明知奧國無力抵抗法軍；何況當時尚無電報，巴黎與維也納間距離遙遠，任何快馬都無法在兩天內往返。梅特涅於是當機立斷，憑他特命全權大使的身份，先斬後奏，把瑪麗露薏絲許配給了拿破崙。另一種說法，則暗示梅特涅早就有此打算，而且還在幕後策動這樁婚姻，犧牲瑪麗露薏絲以換取和平，讓奧國有時間重整軍力，參加英國主導的反法聯軍。兩說中我比較傾向前者，因為後者很可能是奧國人自我陶醉的一面之詞。從後文敘述這件不快樂婚姻的結尾，也可見前者較近情理。

瑪麗露薏絲出生於一七九一年，是奧匈帝國皇帝法蘭西絲二世 (Francis II) 的長女，結婚時她才十八歲。歐洲兩大皇室的婚禮，在當時是件大事。有一本她的傳記，描寫這位公主從奧國邊境進入法國領土時，在邊界兩端搭起一連串的篷帳，互相貫連。她從奧國那邊開始，每走進一個篷帳，就脫去一層內衣。到橫跨界線那個篷帳時，正好脫得一絲不掛，只靠一件晨褸遮身。然後在法國境內，丟去晨褸，每過一個篷帳，再穿上一層衣服，到最後穿得整整齊齊出現時，身上沒有一絲片縷是奧國的產品了。這雖是繁文縟節，卻象徵她從此變成法國的皇后，斬斷了與奧國所有關係。

當時照相術尚未發明，拿破崙雖然基於政治考慮，選定了這位未婚妻，對瑪麗露薏絲究竟長得漂不漂亮，還是很在意。公主出閣嫁給皇帝，隨行車馬豈在少數，沿途所有法國城市都在準備歡迎。到達巴黎還差幾天的時候，拿破崙等不及了，騎匹快馬，只帶少數隨從，趕去迎接。書上說他遇到車隊後，立即跳上公主所乘的馬車，仔細端詳這位新娘。大概他看得很滿意，於是拉緊窗帘，吩咐馬車一路不停，直奔巴黎。他在車裡做些什麼，作者留給讀者去想像。只描述馬車疾馳通過列隊歡迎的各地官員、樂隊與學生時，車輪帶起的泥水濺得眾人狼狽不堪，真是傳神之筆。

一八一〇年四月一日，拿破崙與瑪麗露薏絲在巴黎聖母大教堂舉行婚禮。十三位拒絕出席的樞機主教，都被貶職流放。法國總共有卅二位主教，其中十九位不肯參加，也被囚禁。第二年三月十七日，瑪麗露薏絲不負所望，在愛格隆宮 (l'Aiglon) 替他生了個兒子。拿破崙高興萬分，取名為 François Charles Joseph Bonaparte，襁褓時即封為羅馬王 (King of Rome)，就是後來的拿破崙二世。她後來又生了一個男孩，就不如長子重要了。

瑪麗露薏絲年齡究竟太輕，不懂世事。她和拿破崙這場沒有愛情的婚姻，只共同生活了四年，其間拿破崙在宮外還養著別的情婦，她恐怕也有所聞。一八一四年拿破崙戰敗，被放逐到

艾爾巴島 (Elba)，同盟國決議把瑪麗露薏絲和她的兩個兒子送回奧國，交由奧國皇室教養，從此拿破崙就再沒見過他們母子了。

為什麼法、奧兩國今天都不欲多提這位做過拿破崙皇后的公主呢？這恐怕與她晚節不保有關。拿破崙再次被放逐到聖赫勒那島 (St. Helena) 後，她難守空房，又嫁過兩次。一八二一年聽說拿破崙死了，她馬上改嫁倪佩格伯爵 (Count von Niepergg)。一八三三年再改嫁給彭倍爾伯爵 (Count Bombelles)。她是奧匈帝國皇帝的親生女，本來就是女大公爵，德文稱為 Erzherzogin（相當於英文 Archduchess)。但因為所嫁男人地位比她低，最後的頭銜只是帕爾瑪公爵夫人 (Duchess of Parma)。今天在維也納卡普欽教堂 (Capuchin Church) 地下室裡，還有她雕刻精美的銅棺，我問過導遊的神父，據說裡面已空無一物了。

四三、敵人容易對付　盟友才是難題

（原刊九十年十一月廿日聯合報）

「美阿戰爭」美國如何應付北方聯盟乘權力空虛檔口奪取政權？

美軍開始轟炸阿富汗，到目前已滿六週。快滿一個月時，不但美國百姓，世界各國的人都有點擔憂，怕神學士(Taliban)政權負嵎頑抗，這場戰爭難以結束。等北部的馬薩沙里夫(Mazar-e-Sharif)城陷落，局勢忽然變得急轉直下，所謂北方聯盟(Northern Alliance)——應該叫做全國伊斯蘭聯合救國陣線——長驅直入首都喀布爾(Kabul)後，全球輿論又有點後悔的模樣，覺得神學士不該垮得這麼快速，使以美國為首的盟軍措手不及。

這種反應不是沒有道理的。北方聯盟嘴裡說的盡是甜言蜜語，做的卻完全是另外一套。北盟原業醫生的外交部長阿不都拉(Abdullah Abdullah)雖曾公開承諾，北盟軍隊不會進入首都，卻以維持秩序及治安為名，派了數千名士兵進去。這些人現在換穿了警察服裝，反而禁止其它北盟部隊攜帶武器入城了。十七日星期六，北盟總統拉巴尼(Burhenuddin Rabani)前呼後擁地正式回到喀布爾，在總統府舉行儀式，象徵他被聯合國承認的政府又重新掌握了國家大權。

拉巴尼雖口頭表示阿富汗未來政府應代表所有族群。他卻沒說新政府將如何成立?何時成立?他所領導的舊政府,五年前被神學士趕走,如今掌握了政府機構、廣播電台,很快必將出版日報。等聯合國大批救濟物資運到,肯定需要政府協助分發民間,他執政的基礎就會更穩固了。在國際上,拉巴尼也並非全然孤立。俄國已經放話,說北方聯盟是阿富汗的合法政府;伊朗即將恢復在喀布爾的大使館;至於原屬前蘇聯的中亞各國如塔吉克 (Tajikistan)、烏茲別克 (Uzbekistan)、圖庫曼 (Turkmenistan) 更不在話下。

拉巴尼是塔吉克裔,他那一族僅佔全國人口百分之廿五。其次的塔札拉族 (Tazara),與伊朗同屬一個教派。阿富汗十二年來的內戰正是佔全國百分之四十的帕什圖族 (Pashtun) 與其它少數民族間互不相容才引起的。如果壓不下去,恐怕盟軍尚未撤離,阿富汗內戰就又會重起了。

當前美國面對的問題須分兩部份處理:第一,開戰目的尚未達成,賓拉登既未就逮,神學士政權也未完全摧毀。第二才是如何在阿富汗善後,必需建立一個能為全阿富汗各族人民共同接受的政權,而且要扶植它進行重建工作,使全球回教國家相信美國並非與伊斯蘭世界為敵。

前一項針對賓拉登與神學士的目標,雖然仍需時日,比起後一項來要容易得多。美國媒體直到日昨才透露,小規模、多單位的中情局與美軍特種部隊合組的機動游擊隊,每組只幾個人,從九月廿七日起,就已在神學士後方活動。這種「以其人之道,還治其人之身」的戰術,利用尖端科技通訊能力,導引轟炸機準確命中神學士陣地目標,使敵人為之喪膽;突襲道路上行駛的車輛，防堵賓拉登或神學士重要份子逃逸，所造成的心理威脅，遠大於實際效果。賓拉登雖然不會投降，被神學士脅從份子難免會意志動搖，甚至提供美國需要的機密情報，也很難說。

美國真正的難題，是如何應付北方聯盟乘權力空虛的檔口，奪取政權，養兵自肥。美國原本寄望於阿富汗遜王查赫爾 (Mohamed Zahir Khan) 返國號召民眾，查赫爾也召開過幾次會議，但參加者都是過氣政客，徒有空言，一事無成。三週前祕密進入阿富汗的前抗蘇英雄哈克，不知是否受遜王之託，或者自信心太強，進入神學士控制地區策反。但哈克過於輕敵，白白送掉了性命，後繼無人，此路不通。北方聯盟因緣際會，造成既成事實之後，查赫爾更不敢輕率回阿富汗。美國唯一的希望，只剩下聯合國特使布拉希米 (Lakhdar Brahimi) 了。

美國另一步棋，是將佔領阿富汗的責任儘量國際化。目前看得出來的做法，是把喀布爾以北的巴格蘭 (Bagram) 機場，交給英軍進駐。而北方馬薩沙里夫的機場，交給法軍管理。英法兩國都將提供飛機支援戰事，由他們控制機場，理所當然；藉以制約北方聯盟，則是只可意會不可言傳的安排。日本、土耳其、德國承諾提供的部隊，雖然只是象徵性質，也會被指定在戰略要點駐紮。有這麼些世界舉足輕重的大國參與，北方聯盟應該自知檢點。

美國現在好像還無意讓各國提供的陸空軍，以聯合國維和部隊名義進駐。可能因為這樣會受制於安全理事會，增加俄國與中共的發言權。美國也一定會拿聯合國難民高級專員公署所提供的救濟物資，作為使北方聯盟俯首就範的工具。阿富汗的冬天就要來了，北方聯盟準定會透過媒體，抱怨聯合國發放救濟物資有偏頗。但他們在布拉希米的副手范德瑞爾（Francesc Vendrell）包機飛來喀布爾時，都藉詞安全多方阻擋，聯合國特使和拉巴尼政府之間的齟齬，正方興未艾呢！

四四、誰出任駐 WTO 代表？

（原刊九十年十一月十三日聯合報）

經歷千辛萬苦，由於大陸堅持必須在它後面排隊，因而延遲了好多年，我國終於以關稅區的名義，正式加入了這個規範舉世經貿關係，有一百四十幾個會員的國際組織。在外交處境日蹙的今天，這次入會多少帶有點里程碑的意義。隨之而來的種種衍生問題，如開放三通、銀行保險等服務業登陸、兩岸直接匯兌、乃至大陸廉價農產品叩關等等，都需要在世貿組織架構下，與對岸進行協商。

政府對首任常駐 WTO 代表人選，遲遲尚未發表。當局或許有其它考慮，我要大聲疾呼：這個職務應該由大陸委員會主委蔡英文出任。

聯合報曾以頭條新聞，報導駐比利時代表李大維可能調任常駐 WTO 副代表。依照外交部傳統，李大維曾任政務次長，如果他只堪擔任副代表，那麼正代表必須曾為部會首長，不折不扣的特任官才符合體制。在這個條件限制下，無論就財經素養、對業務熟悉的程度、或語文能力考量，我想不出有什麼人比蔡英文更為適合。

這一年半來，蔡英文替政府把守兩岸交通的要隘，真有一「女」當關，萬夫莫敵的氣概。

她笑臉迎人，不慌不忙，在立法院多次為院長護航，化險為夷的表現，也給電視機前的觀眾留下深刻印象。這位小姐能言善道，每次接受媒體專訪，都能娓娓說出一番理由，讓原本不懷好意的記者，也被她說糊塗了，寫出來的報導似乎在為她辯解。這些長處，應該到日內瓦去發揮，才更有效果。

為她個人未來歷史地位著想，趁此機會，調出去作一任大使銜常駐 WTO 代表，也可略微沖淡一下過去的紀錄。

作為兩國論的創議者，或可說發明人，當年在美國政府強烈反應，引發國際風暴之時，八十八年七月十二日，總統府緊急集會研商。照當時陸委會主委蘇起在一篇公開發表的論文裡追述，在那次會上「原創者個個噤若寒蟬」。過了十個月，她已內定將接任現職之時，蘇起回憶她在一個單獨晤談的場合，親口對蘇說：「今後雖不再提兩國論，但仍將繼續執行兩國論。」如果蘇起的話可信，蔡主委還是早早辭卸現職，既可以洗刷外界認定她是李前總統留下的一著棋子的不白之冤，又可脫離眾口鑠金的是非場，對國家對個人，都有好處。

在她滴水不漏的把關下，陳水扁總統對人民所作的許多承諾，過濾之後，都變成了空頭支票。年初政府大吹大擂的小三通，實施至今，究竟通了沒有，大家心知肚明。報紙不知登載過多少次，預定今年七月一日開放大陸人民來台旅遊，日期已經過了四個多月，還是杳無音訊。即使經發會集合產官學菁英研議出來的戒急用忍鬆綁政策，雖然陳總統說過行政部門沒有覆議權，到蔡英文手上，仍然用「有效管理」的魔術手法，把那道金箍又套上了孫悟空的腦袋。從企業界冷淡的反應，便可知此言不虛。

蔡主委對李前總統的忠貞不二，雖然值得欽佩。但為國家大局著想，中共經濟快速成長，中奧成功，APEC 領袖會議促使美國與北京修好，現在又全票加入了 WTO，蔡英文所代表的那種不問代價多少，只求避免與大陸往來的政策，實在到了必須改弦易轍的時候。請她換個位置，出任大使銜常駐 WTO 代表，應該是目前最妥適的安排。

四五、開戰以來　美外交政策修改了多少？

（原刊九十年十月十五日聯合報）

全球反恐怖聯盟，離真正實現還差一大截！

職業外交官都知道，外交政策並非刻碑立石，必須信守不渝的天經地義。相反的，任何政府基於國家利益需要，隨時隨地都可加以修正。美國在九一一事件之初，指天誓日的許多聲明，以及構建全球反恐怖聯盟的豪語，自十月八日開始對阿富汗用兵以來，已經不聲不響地作了大幅度的修改，只是白宮避而不提，美國大多數民眾也未察覺而已。

為政最忌多言，偏偏在民主國家，身為總統又不得不向人民解釋為何而戰，為誰而戰。這種天生的矛盾，使任何民主政府所說的話，在形勢比人強的環境下，不免七折八扣，最後變得面目全非。布希總統的幕僚群，可說出類拔萃，然而週餘以來，明眼人都看得出來，美國所倡導的世界各國反恐怖聯盟，離真正實現還差著一大截。

唯一的例外是英國。除語言文化的歷史淵源外，布萊爾首相口齒伶俐，善於把握機會，僕僕風塵第一個趕來慰問，派外相赴伊朗探底，又親自飛到阿曼勞軍，充分表現英國這隻老狐狸

104

廣告回信
台灣北區郵政管理局登記證
北台字第10380號
（免貼郵資）

臺北市復興北路三八六號

三民書局股份有限公司收

姓名：　　性別：□男　□女
出生年月日：西元　年　月　日
地址：
電話：（宅）　（公）
E-mail：

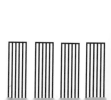

知識使你更有活力・閱讀使妳更有魅力

三民書局／東大圖書讀者回函卡

感謝您購買本公司出版之書籍，請您填寫此張回函後，以傳真或郵寄回覆，本公司將不定期寄贈各項新書資訊，謝謝！

職業：__________ 教育程度：__________

購買書名：

購買地點：☐書店：________ ☐網路書店：________

☐郵購（劃撥、傳真） ☐其他：________

您從何處得知本書？☐書店 ☐報章雜誌 ☐網路

☐廣播電視 ☐親友介紹 ☐其他

您對本書的評價：

	極佳	佳	普通	差	極差
封面設計	☐	☐	☐	☐	☐
版面安排	☐	☐	☐	☐	☐
文章內容	☐	☐	☐	☐	☐
印刷品質	☐	☐	☐	☐	☐
價格訂定	☐	☐	☐	☐	☐

您的閱讀喜好：☐法政外交 ☐商管財經 ☐哲學宗教

☐電腦理工 ☐文學語文 ☐社會心理

☐休閒娛樂 ☐傳播藝術 ☐史地傳記

☐其他

有話要說：__________

（若有缺頁、破損、裝訂錯誤，請寄回更換）

復北店：台北市復興北路386號 TEL:(02)2500-6600
重南店：台北市重慶南路一段61號 TEL:(02)2361-7511
網路書店位址：http://www.sanmin.com.tw

的精明。所以對阿富汗開火第一天，美國分了兩枚巡弋飛彈給在波斯灣的英國潛艦發射，象徵這次戰爭的國際性。但媒體影射的英國特種部隊潛入阿富汗，究竟有無其事，無人知道。此後對阿富汗的轟炸，完全由美國獨挑大樑，英國變成無聲無息了。

按理說，假如反恐怖戰役遲早會變成西方文明與伊斯蘭文明之戰，北大西洋公約同為希臘羅馬文明的繼承人，理當拔刀相助。設在布魯塞爾的北約理事會已經正式通過引用盟約第五條，對一國的攻擊視同對所有盟國的攻擊條款，其餘十八國都應該出兵到中亞才對。但結果只是派了五架 Awacs 空中電子偵察機到美國去服勤，使美國能抽調同型機去戰場而已。這樣的「同盟支援」，不知會使美國人心底感覺溫暖，還是寒心？

回教國家中，與美國關係最密切，倚賴美國最深的莫過於沙烏地阿拉伯、科威特、卡達、阿曼、阿拉伯聯合大公國與巴林等出產石油的國家了。但是這些國家在九一一事件後，只對美國遭受攻擊表示遺憾與慰問，無一敢公開聲言參加反恐怖聯盟。開戰以後，他們更噤若寒蟬，不發一言。尤其是沙烏地，對奧薩瑪·賓拉登只當作趕出門的逆子，掩耳不聞不問，不知是不肯呢，還是不敢強有力地譴責。難怪紐約市長朱良尼要把沙烏地親王所捐的一千萬美元支票退回給他了。

美國發表幕後資助賓拉登的人士與機構名單，累積已達六十六人，其中大部份都與沙烏地有關，沙國政府遲遲仍未凍結他們在沙的資產。美國替沙烏地設計建築的高科技空軍基地，對協調在空中眾多機種每架飛機的敵我辨識與指揮通訊有特殊功能，沙國也不肯讓美軍使用，作為指揮空中攻擊之用，才使得美國不得不向北約借調 Awacs 型機，騰出自身飛機派赴中亞，靠空中加油機補充油量，勉強升空指揮聯繫作戰行動。

美國初期只從空中攻擊神學士政權，自然因為顧忌地面用兵，死傷堪慮。阿富汗所謂北方聯盟，正式名稱應為全國伊斯蘭聯合救國陣線（United National and Islamic Front for the Salvation of Afghanistan，簡稱 UNIFSA），雖然連年被神學士軍隊打敗，卻志願替美國效命，作攻打喀布爾的前鋒。只因為巴基斯坦堅決反對，美國一個多星期以來，轟炸目標只鎖定喀布爾、坎達哈（Kandahar）、查拉拉巴（Jalalabad）、馬薩沙里夫等處，偏偏不炸與北方聯盟對陣的神學士部隊。

美國這種司馬昭之心，真是路人皆知，就是因為顧及美軍後方巴基斯坦的國內情勢。近日從喀拉蚩（Karachi）到白夏瓦（Peshawar），大規模反美遊行的鏡頭正在舉世傳播。萬一穆夏拉夫（Pervez Musharaf）政權被親阿富汗與親賓拉登派軍頭乘勢推翻，美軍喪失對阿富汗作戰的後方基地事小，如何應付一個統治一億四千萬人口、信奉回教基本教義、又擁有核子彈的巴國新政權，才是白宮的夢魘。即使是世界唯一超級強權，也有它的難處。

自十月八日開戰到現在，美國原來的如意算盤被迫一再改變，從尋找地面出擊基地的鄰近國家這件事上就看得很清楚。美國原來希望在西能以沙烏地，在南則以巴基斯坦為基地的，結果兩邊都吃了閉門羹。倒是舊蘇聯的烏茲別克和塔吉克現在可以讓美軍進駐，甚至作為自北方攻打阿富汗之用。但這兩個都是內陸國家，交通運輸極不方便，美國會不會接受它們的好意，還待與俄羅斯磋商。

小布希去年競選時，對柯林頓總統曾經有意協助索馬利亞或波斯尼亞建造一個安定政府的構想嗤之以鼻，說過如果他選上了總統，決不會作這種「幫人建國 (nation building)」的傻事。如今在阿富汗卻面臨同樣的難題：美國遲遲不出動地面部隊，也不敢讓北方聯盟放手攻打神學士部隊，正因為美國既無帝國主義的野心，而有前蘇聯的前車之鑑，也不想長期在阿富汗駐軍。美國不怕拿不下喀布爾，而是拿下來後不知道該怎麼善後！

中東回教國家與中國大陸都曾主張：如懲治阿富汗，應由聯合國主導。美國一月餘來對這類意見不理不睬，自開打以後，腔調也有些變了。布希已經暗示，等摧毀神學士政權後，聯合國可能在如何協助阿富汗建立安定政府的問題上，擔任某種角色。湊巧聯合國與安南祕書長剛剛獲得本年度的諾貝爾和平獎，大家拭目以觀吧。

四六、兩個政治問題未決 美軍難動作

（原刊九十年十月七日聯合報）

速戰速決，需有阿富汗鄰國提供基地；立新政府，有賴遜王出面組織國是會議。

最近台灣幾乎是以看熱鬧的心情，追蹤九一一事件後的世局發展，但少有人想到，要瞭解這場廿一世紀首次戰爭，須從故總統蔣公的名言出發去思考，就是打仗要「三分軍事，七分政治」。

九一一的慘痛記憶，轉眼就要滿月了。有人因此斷言，如果再不開打，布希總統高達百分之九十一的民意支持度，很快就會跌回谷底。其實白宮謀士如雲，怎能不懂這麼基本的道理？問題是：開戰前的外交佈置尚未就緒，預計勝利後的政治安排，更連八字還沒有一撇。此時出兵，徒然陷入泥淖，難以自拔。

前蘇聯困在阿富汗十年，錯在莫斯科只想到出兵，而未考慮佔領了阿富汗的後果。在政治上，一九七九年時，前蘇聯支持的左傾社會主義政權居然愚笨到想推行土地改革，怎能被女子上街仍須渾身裹滿黑布的阿富汗人所接受？所以苦撐十年後，莫斯科終於認輸，撤出軍隊，讓阿富汗各地大小軍閥去自相殘殺。

美國早已看清這點，知道須速戰速決，同時要準備好一個能被阿富汗各族各派都能接受的政府。等新政府一就位，美國會儘快撤軍，再到別處去追捕恐怖份子，把善後留給新政府去處理，也可向回教世界證明，美國並非如他們所稱的帝國主義。

先談速戰速決：對阿富汗這種內陸國家，打山地戰爭，最有效的武器是攻擊用直升機，卻受速度與航程的限制，必須有阿國邊境外最近的機場作為後勤基地。巴基斯坦自然最合理想，但巴國一億四千餘萬民眾，凡窮人都同情神學士政權。面對激昂的民情，巴政府頂不頂得住，還有問題。美國國防部長倫斯斐匆匆出訪阿富汗周邊國家，獨漏巴基斯坦一國。可見布希團隊的決策是，如能找到替代國家，寧可不去惹巴基斯坦，免得麻煩。

倫斯斐最後一站是烏茲別克。在聯合記者會裡，卡里莫夫總統說願意對美提供軍事基地，但只能作人道救援之用。這句話無疑使美國預訂的開戰日期，又推後了若干天。美軍第十山地師將有一千官兵抵達烏茲別克，從部隊名稱就可看出任務應該是去平均高度一、兩千公尺的阿國南部搜捕賓拉登的巢穴，現在卻無用武之地了。

另外兩個原屬前蘇聯的中亞國家，塔吉克和圖庫曼，也與阿富汗接壤，邊界更長。但它們本身各有問題，對美態度遠較烏國冷淡，無法考慮商借作戰基地。伊朗和伊拉克就更別提了。

再談速戰速決後建立新政府的問題：基本上，阿富汗是個多種族國家。帕什圖人佔百分之卅八，塔吉克人百分之廿五，哈紮拉人百分之十九，烏茲別克人百分之五，其它還有幾個少數民族。基本上，遜王查赫爾汗和神學士政權首腦人物都是帕什圖族。所謂北方聯盟五花八門的領導人，則出自其它少數民族。倚賴國界外同族人的支持，才是它偏處北部的主要原因。

阿富汗已經持續廿幾年的內戰，帶有傳統封建社會裡各族爭奪統治權的色彩。美國如果輕易信任北方聯盟，讓它接掌政權，只會使內戰更難結束。目前唯一可行之道，是委託遜王查赫爾汗號召舉行傳統的國是會議，選出一個聯合政府來準備接管國家。但此事談何容易，有誰肯讓別人當權？美軍大舉進兵阿富汗，恐怕還要等到這兩個問題都有點眉目，才有可能。

四七、APEC豪賭　外交專業在哪？

（原刊九十年十月廿二日聯合報）

APEC正式落幕，九一一事件後規模最大的各國領袖高峰會議通過了「上海宣言」，出席各國元首在上面簽了字，包括安理會五個常任理事國中的三國。台灣原可參與這場廿一世紀頭一場意義重大的反恐怖主義盛會，偏偏因人選問題，糾纏不過中共，自行退出，還象徵性地把出席部長級會議的官方代表團提前召回，只留下工商界代表落寞地坐在各國領袖與工商諮詢理事會的對話席上。扁政府這場拿國家整體利益來下注的豪賭，曾否收到預期效果？值不值得所付代價？有嚴肅檢討的必要。

在今年作業過程中，從頭到尾，外交專業主張積極參與的意見全被忽視，有關高峰會議人選這麼重大的問題，全被蒙在鼓裡，是不爭的事實。國人如冷靜檢討思考，就能感覺扁政府一貫只顧及國內選舉勝負，事事以政黨得失為考量，本末倒置地處理外交事務的手法，對國家外交處境有多麼危險，對我國國際地位又已造成多大的損害！

外交不能逞一時之快，世界各國無論大小強弱，都是獨立主權國家。即使美國這樣的唯一超強，對阿富汗也無法予取予求，何況我們與大陸辦任何交涉，雙方實力懸殊的程度，「以小事大」四字猶不足以形容。純自客觀標準看，這次出席領袖會議人選的交涉，在幕前幕後，從開始起似乎就不打算它成功！

早在七月底，陳總統接受美國洛杉磯時報專訪，就表示他希望十月能去上海參加APEC領袖會議；而且這句話說了不止一次。我讀到這些新聞，真感覺一頭霧水，不懂政府為何偏偏要挑一件明知辦不到的事，掛在嘴頭宣揚。我也問過外交界許多舊友的意見，沒人猜得出他袖裡究竟藏有什麼玄機。但站在忠恕的立場，大家總還以為這可能是談判前喊價的手段，先放個試探性氣球，背後另有盤算。很多人都說：「總不能不派人吧？」不想結果竟然真落到派不出人的地步。

美國前國務卿魯斯克說過：「人人都能當一天的國務卿；如果三百六十五天都當國務卿，才會知道難處。」總統府處理本案時，完全不問職業外交官的意見，犯的正是外行領導內行的毛病。APEC十一年來，已經建立許多慣例，交換意見與祕密磋商的管道暢通無阻。外交部國際組織司擔負這項任務，多年來善盡職責，並無貽誤。但今年出席領導人會議這麼「天大地大的事」，不但外交部高級官員被摒除在外，恐怕田弘茂部長也未曾被邀參與機要。

外交交涉既需保密，更需要給對方充分時間，考慮得失。假如總統對出席領袖會議的人選早已決定，我不懂為什麼不早在八月或九月間，先命令外交部循正常管道，祕密與大陸進行磋商，取得明確的答覆。外交系統對這麼重要的事，絕不敢也不致洩漏消息的。遲到十月九日，我國擬派李元簇出席的消息才曝光，離開會日期只剩十一天了。媒體一片讚揚之聲，但卻沒人想到要問：這樣的「理想人選」，是早就和對方商量過了呢，還是遲到最後才端出來，硬要大陸吞下去？大陸官員不會個個都是笨蛋，他們肯讓台灣藉此提高參加層級，既贏了面子，又贏得裡子嗎？

再深一層去推敲，從兩國論到民進黨執政後，兩岸互信早已蕩然無存。當前最重要的課題，並非如何出奇制勝，先得一分；而是如何培養彼此互信，朝恢復談判之路前進，應付雙方加入WTO後的新世紀新局面。外交的目的在追求國家長期利益，而非執政黨四十天後選舉得票的多寡。外交事務更不應該由總統府直接操盤，而把有職業訓練的外交人員扔在旁邊，不睬不理。

這次我國被領袖會議排除在外，不能把責任都歸咎於對方。痛定思痛之餘，我們應該有寬闊的胸襟，承認處理過程中的錯誤。我們應該學到教訓：外交是可能的藝術，正如英文諺語所說，探戈舞要兩個人才跳得起來。要想白佔便宜，只會賠掉老本。除非政府另有打算，壓根不在意台灣能否在反恐怖主義的「上海宣言」裡，表現我國參與的誠意和走出去的事實，那就又當別論了。

四八、回教世界——美國的難題

（原刊九十年十月一日中央日報）

美國對阿富汗用兵之前，費盡心力安撫伊斯蘭教國家，並非害怕它們會與伊拉克聯手反對美國，而是避免惹起整個回教世界反彈。如果奧薩瑪・賓拉登真能逃脫美國挾雷霆萬鈞之力的圍捕，挑起全球回教徒累積已久的反帝國主義、反精神污染、反猶太的情緒，這場廿一世紀首次的戰爭可能拖延許久，摧毀世界經濟秩序，即使美國最終獲勝，也將付出慘重的代價。

世紀首仗開戰不易

為尊重伊斯蘭教的信仰，在此對習見的名詞有加以說明的必要。從唐朝以來，中國人所謂回回、回子，既含有民族之意，也泛指宗教信仰。回教、回教徒、與回教世界只是我國習慣使用的名詞。回教正式的名稱應該是伊斯蘭（Islam），而信奉伊斯蘭的人應該被稱為穆斯林（Muslim或Moslem，原本是阿拉伯文，所以英文有幾種拼法）。但本文仍採用通俗的用法，免得讀者反而不清楚所指意義，希望穆斯林們能夠諒解。

國人常誤將回教國家與阿拉伯國家混為一談。雖然所有阿拉伯國家都信奉回教，但世上還有許多不在阿拉伯半島，人種也非阿拉伯人的回教國家。北非各國，從最東的埃及到最西的茅里塔尼亞，都以伊斯蘭為國教。非洲在撒哈拉沙漠以南，查德、奈及利亞、尼日、馬利也都是回教國家。南非的回教徒也不少。如僅以信教人數而論，印尼超過兩億，高居世界之首。中國大陸回教人口超過七千萬，應該排第二。

在東南亞，印尼、馬來西亞與汶萊都以回教為主要信仰。菲律賓也有相當數目的回教徒。甚至美國也有回教人口，除從中東來的大量移民外，五〇與六〇年代裡許多改信伊斯蘭教的黑人，從極端派領袖 Malcolm X 到拳王 Mohammed Ali 也是虔誠的回教徒。最新的估計認為美國有六百萬回教徒，其中百分之四十是黑人，清真寺與聚會場所也有三千處之多。

美國平民因九一一事件而死傷的人數超過六千，群情激憤。兩星期餘來，美國人民表現出驚人的團結愛國情操，兩黨放棄政爭，一致對外，政府有條不紊地進行懲罰恐怖份子的準備工作，布希總統國會演說後，民意支持度原已從百分之五十五跳到百分之八十六，再增加至百分之九十一，這場仗是非打不可了。但週餘以來，外交與軍事部署展開後，才發現這所謂「廿一世紀的首次戰爭」真的很難打。

布希總統從他父親那裡繼承來的執政團隊，不但經驗豐富，而且知過能改。布希最初曾使用過「十字軍 (the Crusade)」一詞，經學者指出涵義太廣，會牽扯到中古時代歐洲十字軍東征與回教世界的恩怨，已經絕口不再提此字。軍事行動的代號原本定為「無限正義 (Infinite Justice)」

也被媒體認為不妥，馬上改成「持久自由 (Enduring Freedom)」。但是這都是美國自己可以決定的事，等牽扯到別國，就沒那麼容易了。

派大象隊去抓蟑螂

雖然印度媒體曾將美國對阿富汗用兵，比喻作「派一隊大象去抓蟑螂」，全世界軍事評論家都同意，美國不出兵則已，阿富汗的神學士 (Taliban) 政權決非敵手。美軍定將如摧枯拉朽，一舉就可佔領喀布爾 (Kabul) 與坎達哈 (Kandahar)。但是拿下阿富汗這兩個最大的城市後，怎樣善後，才是困難所在。

阿富汗雖有六十五萬二千平方公里，人口照美國中央情報局的估計為二千五百八十三萬八千七百九十七人，但國力衰微，全年進口僅一億五千萬美元，出口才八千萬美元，靠種植與販賣鴉片彌補，近年已取代泰緬邊境金三角地帶，成為世界最大的鴉片生產與出口國。它每人的國民生產毛額 (Per capita GDP) 中情局依最寬鬆的購買力平價 (Purchasing power parity) 方法計算，也只八百美元。換言之，這個國家仍活在十八世紀裡，毫無基礎建設可言。神學士政權根本不具備現代國家的形式或條件，美國能拿它怎麼辦？

外國媒體這幾天報導，喀布爾居民紛紛扶老攜幼逃往邊界。是為了躲避一旦開戰後美機轟炸嗎？那還在其次，逃亡主要原因是免得被抓去當兵！神學士政權看見男人就抓，塞枝步槍在手裡就送上前線，去與「北方聯盟 (Northern Alliance)」逼近首都的部隊作戰。如有人想逃走，就一槍斃命。這種亂七八糟的國家，打了廿幾年的內戰，又加四年乾旱，人民生活之貧苦，難以想像。但因為宗教信仰與種族的關係，神學士政權在阿國南半部，偏偏還受佔全人口百分之卅八的帕什圖 (Pashtun) 人的擁護。

北方聯盟過去的治績也是半斤八兩，貪污腐敗，才會被神學士佔去全國百分之九十至九十五的地盤，只剩下與原屬前蘇聯的烏茲別克 (Uzbekistan)、塔吉克 (Tajikistan) 與圖庫曼 (Turkmenistan) 三國接鄰，僅剩全國百分之五至十的領土，苟延殘喘。這兩天眼看美國將大兵壓境，北方聯盟雖然剛喪失了主帥，卻好似打了強心針，拚命向喀布爾推進。它的如意算盤是希望美國替它摧毀了神學士政權，以便堂堂回到首都，重掌政權。

「借刀殺人」有困難

阿富汗還有位遜王 Mohammad Zahir Khan，住在義大利，也想乘機復辟。有無機會，就要看美國是否支持了。

瞭解這些背景後，讀者就會懂得何以巴基斯坦堅決反對美國可能「借刀殺人」，利用北方聯盟來打倒神學士政權，以減少自身傷亡，並避免長期佔領阿富汗的窘境。回教基本教義派把美國看成「帝國主義」，誓言美國將像英國與前蘇聯一樣遭遇慘敗。但是美國不但對阿富汗毫無興趣，更不想捲入阿國內部種族或政治的糾纏。美國只想在捕獲奧薩瑪・賓拉登後，越早撤兵越好。

問題在美國出兵勝利，必將在阿富汗造成權力真空。鄰近國家虎視眈眈，誰也不敢公開去填補這個空隙，但也不願見別國乘機獲利。巴基斯坦與印度六十幾年來的仇恨，是解不開的死結。巴國今天已是全世界唯一承認神學士政府的國家，仍然鍥而不捨。如果北方聯盟重回首都，意味烏茲別克、塔吉克與圖庫曼，乃至背後支持它們的俄國與印度勢力將重獲優勢，對印巴間爭奪喀什米爾（Kashmir）主權會造成一面倒的影響。巴基斯坦可以容忍美國軍機飛越領空去轟炸阿富汗，但如果丟了喀什米爾，穆夏拉夫（Pervez Musharaf）的總統也別想幹下去了。

在錯綜複雜的外交角力中，聯合國的問題倒容易處理。聯合國安理會早在一九九九年十二月十九日通過的第一三三三號決議案，已經嚴詞譴責神學士政權販賣鴉片，庇護賓拉登，命令各國與阿富汗斷交，凍結賓拉登及其黨羽的財產，直至阿富汗交出賓拉登為止。今年七月安理會又通過第一三六三號決議案，隨後再於九月十二日打破傳統，以全體起立的方式通過第一三六八號決議案，內容不出第一三三三號的範圍。聯合國大會同日也通過簡短的臨時決議案，譴責恐怖份子的行為，對美國表示支持，並號召國際合作，撲滅恐怖主義，將九一一事件涉案人員繩之以法。

在安理會裡，俄羅斯聯邦和中共兩個常任理事國基於內部考慮，也不得不支持美國號召的國際反恐怖行動。俄國有車臣共和國 (Chechnya) 的回教基本教義派問題，當然反對恐怖活動，但又怕美國與塔吉克、烏茲別克與圖庫曼三國走得太近，將觸角伸入中亞細亞，有點不放心。中共同樣有新疆維吾爾族的問題，卻更擔心美國為所欲為，力主應由聯合國主導任何軍事行動。審度情勢，美國只會虛與委蛇，明知中共無力反對到底，不會真聽從北京的擺布。

回教世界四分五裂

美國真正的難題，是回教世界自身並不團結。出產石油國家從沙烏地阿拉伯、科威特、阿拉伯聯合大公國、阿曼到卡達，雖然親美，卻都是中央集權體制的君主國。既需要美國的保護，又恐懼基本教義派的威脅，態度曖昧，搖擺不定。沙烏地對賓拉登的處分，只是吊銷他的護照，讓他到別國去闖禍，便是最好的例證。

伊朗與伊拉克彼此為仇，卻又都反美。他們對美國出兵，基本上都持反對態度。伊朗或許能拉得過來，英國外相正在德黑蘭努力。伊拉克則絕無希望，美國國內還有主張借此機會，一併解決海珊 (Saddam Hussein) 的聲浪。巴勒斯坦與以色列間糾纏不休的爭執，在美國強大壓力下，雙方已同意恢復談判。為爭取回教世界同情著想，以巴五十幾年來的爭執，或許有和平的希望，那將是這次不幸事件的意外收穫。

四九、緝兇　美國不能與回教世界為敵

（原刊九十年九月十九日聯合報）

美國參眾兩院幾乎全票通過授權布希總統，對參與或庇護九月十一日恐怖份子攻擊美國的任何國家、組織或個人，使用一切必需與適當的武力，以阻止同樣情事發生，已經清除了法律上的絆腳石。布希政府有這張空白支票，或可說尚方寶劍在手，將採取的第一步——對阿富汗用兵——已經迫在眉睫。但這是條遙遠而又崎嶇的不歸路。稍一不慎，可能重燃糾紛了幾百年的「十字軍東征」歷史，真變成第三次世界大戰。

哈佛大學杭廷頓教授一九九六年出版的《文明的衝突與世界秩序的重整》(*The Clash of Civilizations and the Remaking of World Order*) 並非如一般人所想像，預言西方文明必然會與伊斯蘭教文明發生劇烈衝突。他在書裡只說，世界幾大文明（其中也包括圍繞著中國的東方文明）之間的斷層帶 (fault lines) 是衝突容易發生的地方。而阿富汗恰巧是所有斷層帶裡地殼最脆弱，因此也最危險的一點。

表面看來，美國對阿富汗動武，有點像柿子挑軟的吃，應該不費吹灰之力。要說孤立，世上真找不到比阿富汗的邦交國更少的國家。它面積雖有台灣二十倍大，人口卻只二千四百萬左右；國民所得居全球榜尾，和它的人口數一樣，從無正式統計，有的年鑑估計每人每年只合二、三百美元。事實上，說阿富汗有個政府，還是恭維之詞。神學士（Taliban）政權的最高領袖奧瑪（Mullah Mohamed Omar）長年住在南部大城坎達哈（Kandahar），難得到首都喀布爾（Kabul）一次。坎達哈才廿八萬人，比中和市還少。

阿富汗根本不是一個現代國家，人民生活方式與兩百年前相差有限。全年進口只一億五千萬美元，出口才八千萬元，全賴種植與出口鴉片貼補。他們七月間拿大砲轟毀已有一千八百年歷史的巖雕佛像，舉世譴責，阿國卻全不在乎。難怪奧瑪對美國恫嚇的反應是嗤之以鼻，說他願意以阿拉（Allah）之名發誓，即使阿富汗交出了奧薩瑪．賓拉登，美國帝國主義仍然會找藉口入侵，和歷史上英國帝國主義或俄國帝國主義無殊。

他的理由也說得通：十九世紀裡，英國為保護在印度的利益，兩次出兵佔領阿富汗，但看它不值得收為殖民地，安插了個傀儡做國王，受英國保護。到一九七三年發生政變後，才改為共和國。一九七八年左派執政，成為社會主義國家，推行土地改革。但保守成性的阿富汗人民怎能接受？幾個月後，塔拉基總統（Taraki）就被刺殺。前蘇聯雖與阿富汗緊鄰，也不瞭解這個國家實在仍生活在十八世紀裡，貿然出兵幫助鎮壓反革命，結果陷入泥淖。美國當時高興得要命，說前蘇聯終於「嚐到越南的滋味」了。

在 CIA 資助下，奧薩瑪．賓拉登（Osama bin Laden）和其它回教國家的基本教義派激進份子雲集阿富汗，參加抵抗俄帝的聖戰(Jihad)。靠CIA祕密提供的最新武器如刺針飛彈等，他們頑抗了十年，至少有一百萬阿富汗人民死傷，蘇軍也折損一萬四千人。莫斯科醒悟這是場打不贏的戰爭後，一九八九年才忍痛撤出。前蘇聯後來終於崩潰，與此也不無關係。

神學士這班人雖贏得了政權，群雄競起，內戰始終未曾停歇。連年戰亂之餘，國內的公路柔腸寸斷，電力時有時無。如果仔細研究這幾天電視上一再重播的奧薩瑪．賓拉登在阿富汗南部所謂訓練基地的錄影帶，實在只有百餘名來自各國的狂熱宗教份子在那裡接受基本軍事訓練，其規模與設施，比任何國家類似場所落後遠甚。美國以雷霆萬鈞之力，動員海陸空軍，掃蕩這麼一個小小訓練營，獅子搏兔，準會成功。但拿下來後，又怎麼辦呢？

美國也懂得純靠武力無用的道理。一週以來，布希、鮑爾和國務院使出渾身解數，尋求組織所謂舉世反恐怖陣營，逼使世界各國表態，公開作出非友即敵的選擇。俄羅斯聯邦境內有同屬回教的車臣共和國問題，中共有新疆維吾爾獨立份子的困擾，雖有點扭扭捏捏，暗中卻感謝有反恐怖的大帽子遮醜，率先表示同意。布希總統第一天的電話攻勢奏效，使美國增加不少信心，但這次的問題不在於中俄兩國，而在其它回教國家身上。

信奉伊斯蘭教各國間，最關鍵的自然是一手扶植阿富汗神學士政權的巴基斯坦。巴國前幾年不顧一切地擠進核子俱樂部，遭受經濟制裁，民窮財盡，外債高達五百五十億美元，佔國內生產毛額百分之六十。所以穆夏拉夫總統(Pervez Musharaf)下了一個大賭注，想與美國交易：

如果華盛頓能幫他註銷三百億美元的外債，他會壓迫阿富汗交出奧薩瑪・賓拉登，作為交換。我很懷疑美國能接受這樣的條件。即使美國肯了，回教世界也會群情激憤。穆夏拉夫此舉有點像飲鴆止渴，弄得不好，真可能引發政變。

一般回教國家的困境，出於人民生活貧窮落後，但又堅持伊斯蘭信仰。它們國內大部份人民一面豔羨西方的生活水準與高科技，另一面又痛恨帝國主義過去對這些國家的欺淩壓榨。奧薩瑪・賓拉登自己說，他一生受三件事的影響最大：一是埃及沙達特總統在大衛營達成與以色列和解後遇刺，二是伊朗國王巴勒維被國內基本教義派推翻，三是前蘇聯軍隊入侵阿富汗，最後被趕走。他的自述，正好反映出基本教義派在回教國家裡的影響力無遠弗屆，以及這些國家內部的矛盾。

有人會說，回教國家並不都那麼窮，有錢的多著呢。沙烏地、科威特、阿拉伯聯合大公國乃至汶萊，不都是錢淹到了腰部嗎？問題正出在這些靠石油發財的回教國家，清一色是集權君主政體，不願釋放任何權力。它們知道對付基本教義派不能用高壓手段，只能花錢買太平日子，得過且過。沙烏地王室對付奧薩瑪・賓拉登的辦法，是只沒收他的護照，讓他到外國去闖禍。伊朗革命成功後，回教國家內部激進份子藉機擴張勢力，對各國政府的威脅更大。此次危機中，這些國家一面必須加入美國堅持的反恐怖陣線，另一面更擔心內部基本教義派的反彈，戰戰兢兢還不足以形容它們內心的矛盾。

美國去打阿富汗，一定旗開得勝。且不提如何收場的問題，世人都可想見，這場勝利只會引起回教基本教義派更大的憤怒與反彈。全球各地的清真寺裡，教長們（Imams）會更異口同聲地譴責美國只因偏袒以色列，就仇視伊斯蘭教。儘管這種指責有欠公允，效果仍無二致，世上將會有更多的奧薩瑪・賓拉登與追隨他的極端份子出現。在教長們眼裡，對抗西方的聖戰在一千年前就開始了。一〇九六到一二七〇年間，歐洲組織了八次十字軍東征，西方人早已忘掉這回事，回教世界卻點滴在心，深信正如十三世紀一樣，伊斯蘭終將獲勝。宗教的力量就有這麼大！

以色列建國之初，曾受到前蘇聯支持，也沒有幾個人記得了。平心而論，近幾年來美國對中東爭執的立場已逐漸向中間調整，但多年來造成美國坐視以色列屠殺阿拉伯人的印象，仍然牢不可破。最近聯合國在南非召開反對種族歧視（all forms of racism）國際會議，阿拉伯國家主張猶太復國主義（Zionism）也屬於種族歧視的範疇。敵不過亞非集團票數眾多，美國與以色列竟然退出會議，又送給基本教義派一場宣傳勝利。尚未獨立的巴勒斯坦那麼小的地方，從約旦河西岸到加薩走廊每天發生的以巴衝突流血事件，對所有阿拉伯國家就是美國罪名的活生生教材，怎能期盼回教徒能公正地看待美國的任何政策？

另一個危險是，美國做一件事，往往把目標定得太高，使自己為難。過去民主黨執政時代，白宮謀士與智庫學者有所謂「適度回應」（measured response）的理論，認為美國力量太強大了，除非為對付前蘇聯與整個共產集團，不應該拿所有力量出來對付一個小國。前蘇聯已經沒有了，一九八八年奧薩瑪．賓拉登炸了美國在肯亞與坦桑尼亞大使館後，柯林頓總統下令用巡弋飛彈攻擊他在阿富汗南部的基地，發射了幾十枚戰斧型短程飛彈，並無大用，美國也就算了。

這次美國受此奇恥大辱，傷亡人數超過珍珠港罹難官兵幾乎一倍，而且都是無辜平民。所以上自布希總統，下至報社主筆，都明確反對過去有限度回應的策略，主張使出所有力量，使恐怖份子盡數落網為止。但如何才能做到，又怎知道不會越殺越多呢？布希總統信誓旦旦，要消滅所有的恐怖組織。依照美國初步報導，全世界這種組織至少有三十五個，分布的國家無從計算。到什麼時候，這場戰爭在美國眼裡才算結束，恐怕布希自己也沒有答案。

美國人記性差，舊事過眼即忘。這次就有人抱怨，海灣戰爭時，為什麼不把伊拉克的八萬共和軍一起解決，以致今天海珊總統仍然未倒。他們忘記了當年老布希總統留下伊拉克的軍隊，骨子裡的用意是維持兩伊間的平衡，免得伊朗獨霸中東。正如美國當年支持奧薩瑪．賓拉登，借他來扯前蘇聯的後腿，是同樣的道理。國際政治本來就是翻雲覆雨的勾當，國家只有永久的利害，沒有永久的朋友。陳義過高，只會替自己織一張蠶繭，困在裡面，無從破出。今天美國民意如此激昂，作總統者務須小心翼翼，免得高達百分之八十六的民意支持度，變成明天師老無功後，埋葬他的第一剷泥土。

五十、恐怖攻擊　全球新危機

（原刊九十年九月十三日中央日報）

假使賓拉登（Osama bin Laden）真是前晚震驚世界恐怖行動的幕後主持人，這位原籍沙烏地阿拉伯、自願流亡阿富汗、視美國為深仇大恨的百萬富翁，已經一舉改寫傳統國際法有關戰爭的規則，也將根本改變人們對廿一世紀世界大局走勢的看法。

二十世紀前半段裡，雖發生兩次世界大戰，各國都還遵守傳統國際法的原則。兩國須正式宣戰，打仗是軍人的事，平民則享受日內瓦公約的保護。到二十世紀下一半，不但韓戰、越戰，連伊朗與伊拉克之間的戰爭，都未曾經過宣戰手續，平民也不再受到特別保護了。今年是廿一世紀第一年，世人驚見：戰爭的本質竟然完全改變。敵人在哪裡？他是誰？不清楚。戰線在哪裡？有陣地嗎？不知道。無辜的平民呢？他們活該倒楣。

二十世紀裡，共產主義走完了盛衰興亡之路。美國許多政治學家認定：冷戰已經結束，意識形態不再掛帥。美國作為世界唯一超級強權，儘可高枕無憂，防禦飛彈系統不論NMD或TMD，只是徒耗金錢。經過這場血腥的洗禮，他們恐怕會到書架上找出杭廷頓（Prof. Samuel P. Huntington）六年前出版的名著《文明的衝突與世界秩序的重組》（*The Clash of Civilizations and the Remaking of World Order*）來重讀一遍。

杭廷頓教授正是鑑於冷戰結束，才提出他的理論。他指出今後世界前途將決定於三大文明之間的互動關係，即源自希臘羅馬的西方文明，囊括中、日、韓與周邊國家的亞洲文明，與起於中東的伊斯蘭文明。他斷言在廿一世紀裡，這些文明間的斷層帶（fault lines）會是最大的危機點、火藥庫。如今看來，他的理論確實有幾分道理。

美國立國二百廿五年來，連珍珠港也算進去，從沒吃過這麼大的虧。美國看來像一盤散沙，其實因為從未遭受戰禍，內部黏著力很強；外來壓迫越大，越能激起美國人的愛國心。令人欽佩的另一點是，從星期二早晨起，美國朝野無人大喊追究責任，要CIA、FBI或NSA的三位情治首長辭職以謝國人。這並非意味國會將來不致調查整個事件詳情，而是大敵當前之時，美國人知道團結為先，政爭必須放在一旁，這種氣度令人欽服而且豔羨。

美國受此奇恥大辱，此仇非報不可。但找誰去報復呢？美國會先將無辜遭受攻擊之事提出聯合國安全理事會討論，取得世界輿論同情，塞住所謂流氓國家（rogue states）的嘴。等調查完畢，手上握有確切證據後，再以迅雷不及掩耳的手段，派軍進入不管是哪國的領土，徹底消滅主使的團體或個人，能抓到俘虜最好，否則玉石俱焚，也在所不惜。美國所有媒體都把這次事件稱為「戰爭行為」（an act of war），正是本文開頭所說的，國際法裡對於戰爭與何謂戰鬥人員的定義，在廿一世紀裡已經有完全不同的註解。

那麼杭廷頓教授的理論呢?這恐怕是個解不開的死結。美國與以色列間的關係,比一般盟邦更要密切百倍。有人說紐約州的美籍猶太人,比以色列本國人口還多。相形之下,許多巴勒斯坦人,一生都在難民營裡長大,從不懂自由天地是什麼意思。他們痛恨猶太人,因而遷怒到支持以色列的美國。近一二十年來,美國有點覺悟了,在調解以阿衝突時,比從前略微公正了些。但這次聯合國在南非召開全球會議,以反對所有形式的種族主義為宗旨。阿拉伯國家認為猶太復國主義(Zionism)也是種族歧視的一種。亞非國家票數眾多,只有美國與以色列兩票反對,導致兩國退出大會。就外交策略而言,美國這步棋走得太糟。這次事件雖然遲早總會發生,卻也加深了斷層帶的危險性。會不會引起更大的地震,就要看各方的智慧了。

五一、整頓基金會　杜絕逃漏稅

（原刊九十年九月十日中央日報）

台灣「財團法人基金會」之多，真可稱泛濫成災。工商業者要想逃避營業稅捐，有錢人為規避遺產稅和贈與稅，怎樣才能名正言順一切合法？答案是成立一個基金會。失意政客要等候時機東山再起，如何能對外維持門面，並吸收政治獻金？答案是成立一個基金會。民選各級首長為競選連任作準備，趁掌權時與他人利益交換，怎樣才能瞞人耳目不被察覺？答案還是成立一個基金會。

汗牛充棟　良窳不一

自然，名實相符的基金會不在少數——研究國家政策的智庫、保護人民權利的公益團體、救災濟貧的慈善機關、醫療保健乃至合群互助的醫藥基金會，都該受到應有的尊敬。正派與否，自在人心，好人是不會寂寞的。但為了保護好人，不讓一顆老鼠屎煮壞一鍋粥，政府有義務也有必要整頓現有幾萬個基金會，分辨良窳，使假借基金會名義，扭曲稅法，從中取利者無所遁形。

法務部看到了問題，正在著手草擬「財團法人設立許可及行政監督條例草案」，值得稱許。但從報載有關擬議的草案內容而言，似乎尚未抓到癢處。已經透露部分內容的最大缺點，是未能從根本上著想，也忽視了公眾檢討的效能。

何謂從根本上著想？美國管理基金會的立法原意，可作我國參考。美國國會所通過有關管理基金會的條文，分載於美國法律彙編 (United States Code) 第二十六卷第四九四、五○一、五○七、五○八、五○九各條之內，文字繁複，迻譯困難。但它的精神既清楚又簡單，就是說，不論設立基金會的本意何在，它們的共通點，或可云共同目的，是希望能獲得減免稅捐的特權。因此在美國，基金會的主管機關不是地方政府，也不是主管教育、社會福利、或醫藥衛生的聯邦各部，而是內地稅總署 (Internal Revenue Service，簡稱 IRS)。

取法美國　統一管理

我國現行制度，主管機關依基金會的性質、宗旨、與範圍而各異。政出多門的結果，是製造出許多漏洞，給玩法弄法的人大開方便之門。不同機關訂出來成立基金會的標準更是五花八門：內政部管轄下的全民福利或社會工作的基金會，規定的資本額是新台幣三千萬元。教育部對文教基金會設定的門檻，是一千萬元。台北市政府的登記標準是三百萬元。有些縣市政府則只要一、二百萬元就可設立，所以才像雨後春筍般，忽然冒出這麼多基金會來。

中央部會還有主管司處，偶而對已核准設立的基金會形式上檢查一下。地方政府有沒有人稽查它核准設立的基金會呢？幾乎可以說是沒有。許多基金會成立時，借來幾百萬元存入銀行，拿存款證明申請獲准之後，錢就還掉了。這種冒牌基金會純以逃避稅捐為目的，恐怕不在少數。等而下之，假如有人要辦個熱門音樂會，賣幾萬張門票，收入可達數百萬元，他只要到縣政府申請個基金會名義，可以免繳幾十萬元娛樂稅，只有傻瓜才不這樣做。音樂會開過了，基金會也就不見了。

堵塞這種漏洞之法很簡單，就是把基金會主管機關依照美國辦法，定為財政部國稅局。如果認為基金會性質各個不同，仍須有關部會乃至地方政府先行審核，還是可在主管單位初步核可後，轉給國稅局作最後核定。美國法律規定：收受捐款的人如想免繳所得稅，捐贈款項的人如想免繳贈與稅，都必須有內地稅總署(IRS)發給的一個免稅號碼。所有捐款收據上都印有這個號碼(tax-exemption number)，查核認定極為方便。未經許可，假慈善為名向外募款，即使只是在一場晚會裡發行摸彩券，都以違法逃避稅捐論。

遏阻造假　健全查帳

要想杜絕開了幾天就不聲不響關門的基金會，監督條例中可規定基金會只在成立滿半年後，才能享受免稅權利。合情合法剛剛成立的基金會如急需辦理活動，只要先行繳稅，滿半年後仍可申請退稅，不過多費點手續而已。九二一地震及桃芝風災後，許多熱心團體出來募捐，開設樂捐帳戶，完全無人管理。他們絕大多數純出善意，但還有極少數藉慈悲為名騙錢的善棍，媒體曾有報導。假如我們有與美國相同的制度，這種情形就不會發生了。

把基金會交給稅捐稽徵單位去管理，才能把它們查帳的全套制度，運用於查核基金會的本金、利息、收入、盈餘、乃至所收捐助款是否符合法令規章。國稅局已經建立的查核巨額款項進出的機制，正可追究基金會所收捐助款，是真是假。所謂財團法人，本來就指這個團體具有法律上的人格，法人與自然人同樣有繳納稅捐的義務。雖然理論上享受免稅特權，基金會每年仍應與其它法人公司一樣，填報所得。而基金會申報一切收入因涉及哪部分可以免稅，哪部分不應減免，必須經由會計師簽證，連帶負法律責任。

一律免稅　弊端叢生

這樣做法是世界通例，那些跨國性的會計師公司，全世界都有分支機構。他們愛惜名譽，絕不肯替違法作帳的基金會背書。稽徵機關只要看見這些跨國會計事務所的簽名認證，就可以放心。所以即使監督條例通過，也並非一下子給稽徵機關增添太多工作，讓現有人力無法負擔。

我國對所有基金會不分青紅皂白，一概予以免稅待遇，令人實在不解。全世界沒有第二個國家，有如此寬鬆的法律。有些醫院以基金會名義經營，外國恐怕也無此先例。美國法律下，基金會所有收入均須向內地稅總署申報，與設立本意不符的收入，以及並非服務社會的支出，內地稅總署有權予以剔除，仍應照章繳稅，這才符合稅賦公平的原則。

基金會應設置經稽徵機關蓋過章的帳冊，所有進出款項包括現金流程，聽由稅捐稽徵單位隨時查核。原南投縣長彭百顯涉嫌圖利特定廠商承攬工程，又把民間捐助的賑災款三千萬元流入他擔任董事長的兩個基金會，便是因為無人監督基金會經費與帳冊之故。在我國現行制度下，地方首長可用任何名義，自行申請設立基金會，自行核准。他一方面是主管機關，另一方面又是被監督的單位，裁判兼球員，等於鼓勵他貪污舞弊。政府當年立法未盡周詳，也難辭部份責任。

公眾福利　視同義務

基金會設立的目的就在為社會服務，美國法律彙編第五〇八條第(e)項規定，基金會每年收入中，有一定比例必須分配（distribute）掉，分配的意思是拿出去為公眾謀福利。凡未分配的部份，因與設立目的不合，不得享受免稅權利。這點非常重要，有了這一條，財團大亨才不能假藉設立基金會為名，逃避應納的營利事業所得稅、遺產稅、贈與稅。此外，基金會雇用人員凡領取薪資、津貼、乃至旅遊補助，都應該依法繳納個人所得稅，這在國外雖是天經地義，我國恐怕還有從基金會領錢，而不知道應視為所得報稅的人。

基金會的董事人選是另一關鍵。台北縣長蘇貞昌拿選舉委員會發給他的選票補助款，成立「電火球文教基金會」，以他太太詹秀齡為董事長。基隆市長李進勇的「海洋城市文教基金會」，董事長也是他的太太黃瑞貞。類此情形很多，不勝枚舉。法務部在起草監督條例時，必須規定基金會所有董事人選，包括董事長在內，不得為地方政府首長或一級機關主管本人、配偶、或三親等內的血親或姻親。工商業者申請設立基金會時，董事人選亦不得為該公司董事或主要經理人本人、配偶、或三親等內的血親或姻親，以杜絕流弊。

財報透明　公開查閱

何謂忽略了公眾檢討的效能？英美制度下，法網似疏而實密。不像我們，法律定得好似很嚴密，其實執行不力，反而等於沒有。舉例而言，美國容許任何人接受外國政府、團體、或個人的委託，在華盛頓設立辦公室，公開向國會遊說，唯一條件是向美國司法部登記為遊說人（lobbyist），每半年一次，填表申報所有的接觸、開支、宴客、贈禮，如此而已。美國人或是外國人也可受外國政府、團體、或個人委託，公開為外國宣傳或作任何性質的活動，稱為外國代理人（foreign agent），登記手續與遊說人相同。表面看來，這哪裡管用？但這些登記表格，以及證明所報屬實的附件，存在司法部裡，任何人均可查閱，才是重點。

我國民意代表、各級政府首長，乃至與財務、招標等等業務有關人員，依法每年須申報財產一次，也是同樣的制度。不過到監察院財產申報處要求查閱這些報表的人，大概不會太多。把基金會主管機關訂為財政部國稅局後，監督條例也應規定，公眾有查閱所有基金會報表的權利，稽徵機關不得以任何理由拒絕。

加入以上幾項建議後，這項擬議中的監督條例，才不會又成為沒有牙齒的紙老虎。

五二、總統府的亂子　不能再這般演下去

（原刊九十年九月六日聯合報）

如果問陳水扁總統一生中，哪件事令他最為後悔？恐怕無過於去年大選前，挑中呂秀蓮做他競選伙伴這件事了。幾天來總統府內部不顧體統，幕僚互相攻訐，高空喊話，已到令大多數國人無法忍受的程度。

中華民國憲法，包括增修條文在內，對副總統的職權雖著墨無多，清清楚楚定位為備位元首。不但雙首長制的國家如此，總統制國家如美國和拉丁美洲各國，制度也都相同。副總統如有任何權力，必須來自總統授權。無授權則無職權，這是憲法所訂，也是天經地義的事。總統、副總統宣誓就職的誓詞裡，本有「遵守憲法」四個字。既然宣誓遵守了，又公然質疑憲法有欠缺，豈是備位元首所應為？

美國歷史上卅五位副總統，無不如此，私下抱怨或者有之，像呂副總統這樣一再公開挑戰憲制基本精神者，實在少見。水門事件導致尼克森辭職後，福特繼任總統，他的副總統洛基斐勒曾當選紐約州長，無論就行政或企業管理經驗，超過福特甚多。民國六十四年故總統蔣公逝世，福特派洛基斐勒為特使來台弔唁，返美時剛下專機，記者圍繞著他問：「請問副總統，你

下一個任務是什麼？」洛氏答稱：「那要看哪位領袖過世了。」這句話雖帶點自嘲成份，也顯示像洛氏那樣有資格且曾競選總統的人，不敢絲毫違背憲法基本精神的政治家風度。

年餘以來，呂副總統放言無忌，使國家與政府同受窘迫的場合不少。拿不久前她因台灣迭遭天災而發表的妙論，說大家不如移民到貝里斯那樣的小國去，「有五萬人就可選上總統」來說吧，媒體只報導她失言，不知更嚴重且無人提及的是貝里斯並無總統，它奉英國女王為元首。伊莉莎白女王為表示客氣，任命一位黑人女士為總督。總督並無任何權力，唯一的職責是依照議會選舉結果，任命多數黨領袖為總理而已。副總統曾訪問過貝里斯，何以連這點也不知道？

政府應不應該為副總統準備一所美輪美奐的官邸，裡面應否擺滿高級紅木家具，也不是什麼國家大事。其實這些都是小事，沒什麼要緊。真正嚴重的是經發會後，戒急用忍鬆綁不但已成朝野共識，而且是陳總統的大政方針。在我國現行制度下，副總統與總統政見不應該有歧異。即使側重點不同，也只能經由府內管道，商討融合。副總統沒有資格，也不應該挑戰總統所作的政策決定。她如果不同意，只能以辭職表示個人意見，別無其它選擇。

不論哪個黨執政，不問誰是總統，在現行憲法文字與精神下，副總統與總統間有公開的歧見，扯總統的後腿，制度上既不容許，倫理上更不道德。解決之道，唯有請副總統顧及宣誓遵守的憲法，自動辭職。

五三、真有這樣的事嗎？

（原刊九十年八月廿一日聯合報）

標榜「世界和平、台灣發聲」的世界和平論壇會議，已經閉幕。這齣陳總統、張院長、與田部長避之唯恐不及，由呂副總統獨挑大樑的連台好戲，在國際上究竟產生多少效果，不應遽下斷語。如今客人走了，主人才能收拾碗盞，計算一下宴席的成本。

且不提外交部在會前，被呂副總統痛罵一番後，最後雖然心不甘情不願，仍然貼了幾百萬新台幣的被邀外賓往返機票錢，「你請客，我買單」。也不提因此給駐外使館造成的頭疼，報端提及哥斯大黎加前總統卡拉索事件，只是冰山一角而已。

十四日星期二晚，在圓山金龍廳的迎賓晚宴，席開五十桌，除外賓與參加會議的學者專家、工作人員外，約有一半是工商界人士。君以為這些公司行號老闆們真的如此熱心世界和平，或想一睹戴克拉克 (F. W. de Klerk) 或華勒沙 (Lech Walesa) 的丰采麼？非也，他們是被副總統「請」來的，據瞭解，被請的代價是每人一萬元，亦即一桌十萬元。

若在競選期間，這等事也不足為奇。奇就奇在選舉早已過去，貴為國家副元首，「錢多事少離家近」。作為備位的國家領導人，怎可如此向民間「打秋風」？她在桃園縣長任內，以「國家展望基金會」名義向外募款，被縣議會指責，記憶猶新。即使縣長可以，代表國家尊嚴的副元首，豈可向外募款，置總統府的臉面於何地？

據說募款情形有欠理想，結算下來這場秀恐怕會賠錢。但此與本文主旨無關。西諺有云「皇后的令譽必須不受任何沾汙」，監察院應該調查有無強迫「不樂之捐」的情事，立法院也該考慮有無制定法律，限制這種濫用國家威權，不顧國家體面的行為。

五四、十月APEC高峰會　最大危機在名牌

（原刊九十年八月五日聯合報）

若會議桌擺塊「中國台北」牌子以顯示從屬關係，到時我們是坐還是走？

報載中共「涉台官員」拒絕台灣派辜振甫代表陳水扁總統出席十月在上海舉行APEC高峰會的提議，認為該派「適合兩岸關係發展」的人選與會。假如APEC的議題是兩岸關係，台灣無人能比辜振甫更適合，難怪總統府要回應說，不懂中共是什麼意思了。

問題正出在APEC並非討論兩岸關係的論壇，而是亞太周邊廿一個經濟體都參加的半官非官、又隆重卻又無拘束力的國際討論場合。嚴格地說，它不能叫做國際會議，因為與APEC運作模式不符。很多人誤以為APEC最後那個字母C是英文「會議(conference)」一字的縮寫，其實它是「合作(cooperation)」。一九九一年，為容納中華民國與大陸、香港同時加入而妥協的產物。但本文為敘述方便起見，就叫它會議吧。

距離APEC高峰會只剩兩個月了，經建會主委陳博志五月從上海開部長級會議回來，信心滿滿。陳總統不久前接受美國洛杉磯時報專訪時表示，他希望今年十月能前往上海出席亞太經

濟合作的會議。不熟悉APEC事務的國人聽了這番話，會鼓掌叫好，同樣不瞭解情形的美國大眾，也會稱賞這種「正面、積極」的態度。唯有像我這樣的傻瓜，聽了憂心忡忡。

中共稱籌備這次盛大會議的三項原則：「以禮相待，一視同仁，依例辦理。」這三句話聽起來令人非常寬心，但共產黨總喜歡佔便宜，耍小動作是他們的老本行，不可不防。

APEC高峰會的慣例，是由應屆地主國元首派遣專使，持正式親筆簽字信函分訪各國，覲見元首或總理，邀請出席。過去十屆，我國總統雖然因受中共阻攔未能出席，每屆擔任地主的這些無邦交國家元首來函時，還是以我國總統為對象。你能想像江澤民會派遣專使送邀請函來給陳水扁總統嗎？那麼這頭一步如何「依例辦理」呢？我國如為顧全大局，委屈地接受次一等的安排，今後如何能阻止其它有欠友好國家見樣學樣呢？

即使這個難題解決了，不論辜振甫也好，別人也好，率團抵達上海，大陸表面上也會「以禮相待」，招待如儀，但等到為時僅有一天的高峰會時，會議桌上擺在面前的名牌寫的卻是「中國台北」，那時是坐下去好，還是抗議退席好呢？APEC的工作語言只有英文，我國參加的名義是Chinese Taipei，都沒有錯。中共大可以中英文並列，然後解釋說，這是因為絕大部份中國人不識英文，所以把各國面前名牌加上中譯，何況仍以英文為主呢？

我預感十月APEC會的最大危機，可能發生在名牌上。我國在國名上的立場，向來以維護中華民國是獨立主權國家為重點。我們可以接受Chinese Taipei譯為中華台北，把Chinese視為形容詞；但「中國台北」意義就完全不同，顯然表示從屬關係。我深怕中共會再施廿九年前上海公報的故技，正如當年欺負美國人不懂中文，把「認知」硬翻成「承認」，今年更有理把「中華」改成「中國」，因為在英文裡兩種意義本可互通。他們明知高峰會時間很短，開過了也就完了，我們再提抗議，也沒用處。

外交部國際組織司長沈斯淳正在新加坡參加APEC資深官員會議，希望能帶回點更具體的訊息。美國參議院四位議員下週一來訪，陳總統接見時，即使談到有關問題，發佈新聞前也要慎重考慮，無須把我們正在思考的事，都讓對岸知道得一清二楚。外交與競選究竟是兩碼事，一國元首肩負國家安危重任，對明知辦不到的事，還是少說為妙。

五五、如此朋友能交嗎？

（原刊九十年七月廿六日聯合晚報）

民進黨執政，喜歡以外行領導內行，大吹大擂地邀請韓國前總統金泳三訪台，只是再添一例。此事由國策顧問李在方穿針引線，民進黨立院總召、兼掛中韓國會議員聯誼會會長頭銜的林豐喜對外發言，十足顯示童子軍治國的危險。

中韓斷航的癥結在哪裡？並非只是九年前盧泰愚執政時的粗暴無禮，無視兩國多年情誼，尤其重慶時代中華民國對韓國臨時政府的獨力支持，卻一直欺瞞我國政府，直到斷交前兩天才告知。天下哪有這樣對待多年老友無情無義的國家？

就算事過境遷，過去的讓它過去了吧。那麼兩國間現存的問題如航約、高達五十億美元的貿易逆差等等，豈是高談中韓友好就能解決的？

如果韓國在斷交前及早通知我國，善意地磋商未來關係架構，民航條約不會因斷交舉動而自然失效。雖無條約，仍有第三國班機飛航中韓之間，民間交流並未受任何影響。沒有民航條約，對我國並無損害；因而使大韓航空無法延伸台北航線前往東南亞各地，才是致命傷。金泳三此行目的，就在矇混我國朝野，製造兩國友好假象，騙得陳水扁總統下令外交、交通兩部放棄國家利益，屈從民進黨的指揮。

中韓間眼前最大的問題是，韓國完全接受中共對台灣的主張，恰與陳總統一再宣示的「中華民國是獨立主權國家」背道而馳。中共原駐南韓大使武大偉在調往東京前，公開在漢城說，韓國要談判與台灣的民航條約，必須先與北京談。韓國朝野無人反對。這個問題未釐清前，我們能交這樣的朋友嗎？

五六、「高枕無憂」最可憂

（原刊九十年七月十四日聯合報）

國家安全不能倚靠他人的善意或不作為。

這次大陸申奧成功，全世界華人都感覺高興。但如果撇開民族情感不談，純就國家利害出發，對台灣究竟是好是壞，應該如何冷靜地評估呢？

從好的一面說，正因為歷盡艱辛才爭取到，大陸主政者自然該萬分珍惜這得來不易的機會，把眼光放遠些，由台灣安全層面來看，今後七年裡，海峽兩岸應該會進入相對和平的時期。不該有擦槍走火的事件發生。

奧運會向來對侵略國譴責嚴厲，有例在先。第一次世界大戰結束後，一九二〇年的奧運會，戰爭禍首的德國、奧地利、匈牙利、保加利亞、與土耳其都被排除在外。第二次大戰結束後，一九四八年的奧運會，德國與日本想要參加，也被拒絕。

一九七九年，前蘇聯侵略阿富汗，幾十萬裝備精良的大軍，被糾纏住動彈不得，美國人私下竊笑，樂見前蘇聯終於也遇上「它的越南」了。因為舉辦國侵略他國，有違奧運和平競爭的精神，美國義正辭嚴地抵制一九八〇年在莫斯科舉行的奧運會，弄得俄國灰頭土臉。最後只能在一九八四年，以抵制洛杉磯奧運作為報復手段。

如果中共在籌辦奧運期間，蠻橫無理地對台灣用武，國際輿論至少會迫使美國抵制北京奧運，使大陸失盡顏面。但是假設在冗長的七年裡，大陸民族主義高漲到某種程度，連北京政府也壓制不住；假使明年中國共產黨第十六次代表大會後，碰上鷹派掌權，拚死也要拿下台灣。解放軍頭的如意算盤是，只要閃電戰成功，美國措手不及，無從反應。到時生米已成熟飯，民主國家能拿中共怎樣？

這正是美國朝野爭辯不休，最後對應否支持北京申奧，只好採取中立態度，不置可否的原因。美國輿論對北京申奧始終有兩極意見，華盛頓郵報早在七月八日的社論裡，就批判那些認為中共如獲准舉辦奧運，可能在人權問題上採取較緩和態度的說法，無異痴人說夢。它舉一九三六年柏林奧運為例，指出當年把舉辦權給了希特勒，徒然讓他乘機向全世界顯示納粹主義的勝利，助長了侵略者的氣燄。

即使接受中共舉辦八年後奧運的紐約時報，十二日社論也呼籲美國政府與國際奧委會應盡一切可能，使承辦奧運成為促進中國建設性改變的力量。台灣朝野此次基於務實考慮，支持北京申奧，但兩岸僵局依舊，國內政治紛擾不已，經濟繼續衰退，處於這樣困境之中，我們千萬不能掉以輕心，誤認在今後七年裡，台灣可以高枕無憂。國家安全絕不能倚靠他人的善意或不作為，惟有朝野團結扭轉當前困境，使經濟恢復成長，政治趨向安定，才能讓國人安心地隔岸觀賞首次在中國土地上舉辦的奧運會。

五七、布希對華兩手策略　參院生變數

（原刊九十年六月四日聯合報）

主導權落入民主黨，對大陸強硬態度及保證台灣安全，能否貫徹受矚目。

國內研究美國專家的目光，這兩天都集中在美國參議院改組上。由於佛蒙特州選出的參議員傑佛茲脫黨，從共和黨變成無黨籍，使共和黨遽失多數。傑佛茲並已聲明，在重組參議院內部投票時，他將與民主黨一致行動。等六月四日小布希簽署減稅法案後，參議院改組即正式開始。

民主黨取得參院多數後，各委員會主席均將易人。共和黨籍所有的委員會主席勢將全部讓賢給民主黨操盤。現任外交委員會主席多年的赫姆斯將讓位給拜登；國防委員會將改由李文任主席。

從大處看美國政治的整體走勢，會發現一個有趣現象，就是最近廿年來，美國國內輿論與民意大致在向右靠攏。六〇與七〇年代裡，由於反越戰與黑人民權運動的影響，鐘擺一直向左偏斜。到雷根上台後，保守主義才逐漸得勢，純自由主義份子認為聯邦政府擴權過甚，管得太多也太龐雜，喊出政府應當小而美的口號。加以在人權法案下對黑人優遇的許多措施過份，損及人權基本平等的原則。而越戰失敗，又引起新孤立主義的危機。這些真正信奉自由主義的人繼承傑佛遜的思想，以民權主義者自居，帶動新保守主義運動的浪潮，使共和黨這些年來得能控制國會多數。

保守主義在美國略佔上風的另一原因，是持續百餘年前南北戰爭遺留下的兩黨體系而來。南方各州傳統由民主黨掌權，牢不可破，但從羅斯福推行新政起，南方各州的保守性格，與民主黨主流價值就格格不入。金恩領導黑人抗爭後，南方各州早有與民主黨分家之意。這廿年來，美國參眾兩院議員脫黨改投敵營者共計十四人，其中十三人原是南方民主黨籍。南卡羅林那州選出的兩名參議員相繼脫離民主黨，改投共和黨，便是最顯著的例證。

傑佛茲這次變成無黨籍，使民主黨坐蒙其利。一葉落而知秋，是否意味廿多年來向右的鐘擺似乎已到了最高點。面臨黨內自由派與民主黨聯手的可能，布希將採何對策因應，現在還看不出來。美國自由派所關心的問題，類如參院司法委員會對總統未來提名最高法院法官的態度，與台灣也扯不上邊。我們在意的其實只是布希和他的團隊精心構築的對華兩手策略，能否貫徹執行？說得更明確一點，就是他對大陸的強硬態度能維持多久？TMD會不會建立？除已宣佈的軍售案外，他對保證台灣安全，究竟態度如何？

布希就任總統後，中華民國最大的收穫，是柯林頓與他的「三不」宣示被揚棄，江澤民與朱鎔基體系所追求的「到台北最近的路是通過華盛頓」遭到破滅。平心而論，這些有利的發展，我國無從居功，更不能因而沾沾自喜。今天我國朝野必須警惕的是，好運氣不會接二連三地到來，轉變每每在不易察覺時發生。正如傑佛茲跳槽使共和黨出其不意一樣，我們如無自知之明，趕快把握機會，可能就會錯過最後一班列車了。

美國的主流意見，尤其有關外交政策部份，必經千錘百鍊，代表各方陣營的學者與智庫討論整合後，才能形成。這許多智庫裡，與民主黨關係深厚的有布魯金斯研究所；與共和黨接近的有傳統基金會、美國企業研究所；近年才崛起代表民權主義者思想的則有卡多研究所，這些智庫都在華府；設在紐約由工商界支持的外交關係協會號稱中立，實際較接近民主黨。打開天窗說亮話，智庫背後必定隱藏有財團支持，否則難以維持每年幾百萬美元的開支，豢養大批學者與退休官員做研究工作。

正因為財團必定以利潤為第一考慮，而美國經濟又是全世界的龍頭，美國的宏觀外交政策一向都建築在確保國家優勢，避免捲入戰禍的基礎上。前蘇聯垮台後，俄國民窮財盡，早已不足為患。中共崛起亞洲，因開放改革而經濟快速成長，美國工商鉅子一面爭相投資，分享這塊大餅，一面也擔心大陸總有一天會在亞洲舉足輕重，進而與美國爭霸。柯林頓時期妄想用「建設性交往」來改變中共。八年下來，只幫助了中共經濟蓬勃發展，卻毫未影響共產黨統治的本質，所以才要改弦易轍。

從這一層面看來，布希總統對待大陸的強硬政策，雖然有些受到軍機碰撞事件的刺激，種因實遠在四月一日之前。「民意論壇」五月十九日刊載大陸旅美學者丁學良一文，說「拖垮蘇聯的套索正拋向北京」，判斷美國要以軍備競賽整垮蘇聯的老辦法，使大陸在發展經濟與擴張軍備之間，不能兼顧，頗有見地。但丁文也未提到，如果大陸領導階層更動，鷹派掌權，真肯忍受短期痛苦，迅雷不及掩耳地攻下台灣時，美國會怎樣反應？

現在要為這個難題找答案，時間還太早，白宮團隊可能都還沒想得這麼遠。但從我國利益而言，任何事必須深謀遠慮，想得更透徹一點。傑佛茲倒戈這件事，表面看來與我毫無關係，它引起的聯想卻會讓人出一身冷汗。布希總統的外交政策在民主黨主導的參議院裡，難免處處遭受責難。美國憲法明文規定，在外交事務上，參議院有「諮詢與同意」之權。布希對大陸的高姿態，如果在參議院碰得鼻青臉腫，會如何收場？我國又該如何自處？

新政府一年來，在兩岸關係上所說的話都四平八穩，行動上卻趑趄不前。陳總統中南美旅行時所說的「新五不」，如果真能付諸實踐，台灣才能擺脫做別人棋子的命運，走自己的道路。有無誠意，只在政府一念之間。

五八、護照是正式官文書　不宜任意更改

（原刊九十年五月十九日聯合報）

先由總統府資政姚嘉文在全球僑務會議中透露，然後經外交部邱次長榮男證實的消息說，政府正研議在中華民國護照上英譯國名後面，加入台灣一字。從目前各駐外館處已經報回的意見統計，贊成者多而反對者少，「無意見」者卻佔很大的比例。護照是最正式的官文書，如果報導屬實，不可避免地會觸及統獨爭議的敏感神經，中共幾乎肯定會大肆咆哮，多方施加壓力，主事者不可不審慎考慮。

不錯，中華民國與中華人民共和國兩者英譯名之間，只差People's一個字，容易造成誤會。所舉我國旅客入境德國與義大利時，曾被移民官員誤認為大陸人民而加以留難的個別案例，也確實發生過。但是國人出國旅遊早已成風尚。目前全國持有有效中華民國護照的有九百多萬人，去年出國旅遊人數超過七百萬人次。比起這兩項數字來，遭遇前述困擾的人，實在微乎其微。

去年陳總統的就職演說明白提出「四不、一如果」，承諾在他四年任期內，絕不變更國號。這也與民進黨黨綱所訂：「台灣已是獨立主權國家，它的名字叫做中華民國」一致。因此有人解釋說，只要護照上中文國名仍舊維持「中華民國」的話，更改的只是英文譯名，不涉及更改

國號的問題。坦白而言，這有點像在自欺欺人，請問除日本或韓國外，其它國家的移民官員有認識漢字的嗎？英文是國際語文，更改護照上我國的英文譯名，在效果上等於更改了國號，需要修憲，這不是用辯證法就能逃避過去的事。

我主張此事應從長計議，並非基於任何政治立場，而是擔憂這樣做只會給老百姓增添意想不到的麻煩。有人說，中共再厲害，也管不了其它國家的移民官，台灣儘可做了再說，看對岸能出什麼高招。請想想看，領護照真正目的只是憑它到香港去申辦台胞證，然後持這兩種證件同時進出大陸之用的台灣同胞，少說也有兩、三百萬人。是這麼多人的方便重要，還是偶爾入境不瞭解兩岸區別國家遊覽的少數旅客重要？

中共當前對台策略以「反獨」為第一優先，只要香港的中國旅行社拒絕接受附有 Republic of China (Taiwan) 字樣護照的台胞證申請，就能對去大陸投資、經商或旅遊的國人造成極大困擾。一本護照效期長達十年，收費新台幣一千二百元。試問到那時我們對這兩三百萬國人將如何交代，是免費另發一本舊式護照以資便民呢，還是把護照上我國的英文譯名又改回原狀呢？

中華民國今日獨特的外交困境，世界外交史上從無前例。我們在各個國際組織裡使用的英文國名五花八門，也是事實。這些務實作法既已發生相當作用，那麼一動不如一靜，不必因為少數幾人入境外國遭遇意外的阻難，就貿然更改護照上國名的英譯。這兩年我屢次參加旅行團到東南亞，發現台灣隨團導遊的作法是，把團員們的護照統統收齊，一人代填所有入境或出境報單，在國名欄下只填台灣一字。旅行團導遊已經把這個問題大體解決了，外交部何苦自尋苦惱，惹出更大的麻煩來呢？

五九、美國對華政策　悄悄的轉變中？

（原刊九十年四月廿六日聯合報）

這兩天各報連篇累頁有關美國對台軍售的報導與評論，若非介紹各種武器的性能功用，就是從中美台三角關係互動著眼，猜測中共將如何反應。本文完全從另外一個角度出發，探討美國國內政治的微妙變化，與導致此次軍售決定的因素。

小布希總統元月二十日就職，至今尚未滿百日。美國傳統認為最初一百天的表現如何，最能判斷一位總統在其後四年中的治績，從軍售案的處理手法可以得到印證。這也是四月初，中美軍機碰撞事件所以被稱為小布希白宮團隊「炮火下的洗禮 (baptism under fire)」同樣的道理。

首先，此次軍售決定突顯了美國新舊政府在對華政策上，已經發生了過程中不易察覺、但結果卻頗為明確的轉變 (imperceptible but real change)。我們很難想像，如果柯林頓總統仍舊在位，他的幕僚群會這樣不顧可以預見來自北京的強烈抗議，有這樣的大手筆。而且此次放寬採購項目之多，範圍之廣，遠遠超出九年前老布希總統為競選而批准售我 F-16 戰機的決定。軍機碰撞事件已經宣告柯林頓標榜的「戰略伙伴關係」壽終正寢，前天的軍售決定可視為「戰略競爭關係 (strategic competitors' relationship)」的開鑼戲，後面的好戲還多，請君拭目以待。

其次，明眼人都看得出來，軍售決定事實上早已定案，只是留到前天才公開宣佈而已。布希白宮雖然在EP–3機員仍被中共留置海南島時，說過「所有有權決定政策的人，想都還沒想過軍售問題」的話，也裝模作樣地號稱在前天才祕密通知國會領袖，我深信那些都是障眼法。

共和黨內部在對付中共策略上，也有鴿派與鷹派之分。鴿派如登記為中共代理人（foreign agent）的前國務卿季辛吉、與中共有鉅額貿易關係的一批工商業鉅子、以及曾任美國駐北京聯絡處主任的老布希總統。如果中共認為老布希不是「老朋友」，新任駐美大使楊潔篪不會在到任後趕忙跑到德州去向他致意。鷹派以保守主義份子為主，在參眾兩院人數雖不多卻佔據重要職位，再加上如AEI等智庫，雖然桌面下的影響力不能與鴿派相比，在人數上卻遠遠領先。無論誰作總統，這兩派都不能得罪。

過去幾週裡，自由派報紙一直納悶，不懂右派保守主義的智庫、學者、與評論家為何大體保持沉默，沒有利用撞機事件大肆攻擊中共，或催促布希總統售台神盾艦。他們的結論是認為保守派視小布希為「自己人」，就任伊始，不能讓他太難堪。我想內情遠非如此簡單，白宮自副總統錢尼以下的國家安全團隊，與保守份子應該早有默契，說服了赫姆斯參議員所代表的保守勢力，要他們稍安勿躁，靜候新政府端出一盤盤的牛肉來。只有這種安排，既顧全了鴿派的臉面，又能解釋鷹派前所未有的忍耐心。

最後也最值得我國朝野注意的，是民主黨對布希在對華政策上轉了這麼個彎後的反應。美國兩黨的組織散漫，既無黨主席，也沒有中常會。退休後的柯林頓總統在黨內毫無地位可言。高爾輸掉了選舉，儘管總票數還比布希略多些，但因下屆再度參選的機率低微，他在黨內發言也不再受到重視。今日民主黨的領導權，其實操在國會領袖手中。

因此，眾議院民主黨領袖蓋甫哈特(Richard A.Gephardt)就軍售案發表的正式聲明在美國國內反而引起許多人重視。這篇短短的聲明稿，表面看來只是老生常談：它支持對台軍售，甚至認為小布希此次拒售神盾艦是錯誤。它提到中共對美敵視的態度，指責北京仍未歸還那架EP-3型偵察機；它關切美國迄未恢復對大陸沿海的偵察飛行。它也拿人權問題做文章，指責布希未能盡力向中共交涉，早日釋放新近遭大陸拘捕的美國公民與享有永久居留權的華人。它的結論是，不能因為廿四名軍機人員已經獲釋，就軟化了美國應有的嚴正立場。

這篇聲明如果由共和黨在眾院的領袖發表，不論是眾院議長哈斯特(Dennis Hastert)或黨鞭狄雷(Tom DeLay)，無人會加以理會。但出諸去年曾與高爾競爭大選提名失敗、且三年後顯將投入選戰的蓋甫哈特口中，自然使嗅覺敏銳的政客與媒體大吃一驚。難道民主黨主流意見竟然放棄了柯林頓的「交往重於圍堵」世界觀，被共和黨牽著鼻子走了嗎？民主黨為奪回政權，真想向右靠攏嗎？這才是美國人關心的風向。

六十、李前總統日本行　能展開中日關係新頁嗎？

（原刊九十年四月廿一日聯合報）

這次為應否發給李前總統登輝簽證一事，雖然日本輿論界破例一致贊同，外務省官僚系統卻緊抱任何情況下不能惹怒中共的基本信念，以及不問新首相為何人，必須維持就任後即赴北京朝聖的傳統，拖拖拉拉了五六天，仍然祭出「限時、限地、限人」的法寶。雖然並未要求李先生在「誓約書」上簽字畫押，但交流協會駐台北所長山下新太郎肯定曾向李先生傳達日方條件，則是毫無疑問的。

病人有選擇醫生的自由，為治病而不得已接受日方的條件，國人應該尊重李前總統自己的決定。但在整個事件過程中，仍有許多值得檢討的地方。

首先，李先生十五日剛舉行了記者會，第二天總統府就迫不及待地跳出來，陳總統召見山下所長，敦促日方發給簽證；呂副總統更連「為富不仁」這樣的重話都說出了口。前一個動作忘記了兩國雖無邦交，仍應先讓既有外交管道去與日本政府提出交涉，總統這張牌是不能隨便亂打的。後一個事例，則完全不曾顧到外交上最低限度的禮貌。人人都有言論自由，惟獨總統和副總統一言一行都代表國家，必須謹言慎行，才符合文明世界各國都接受的標準。這和李先生罵日本「膽子比老鼠還小」不能相提並論；李先生畢竟早已退位，他愛怎麼說可以怎麼說，總統或副總統就沒有這種自由。歐美人士如果被旁人稱作懦夫，視為奇恥大辱，假如中共敢用李先生同樣的語言去罵美國，說不定會引起戰爭，也未可知。

其次，李前總統由友人代提出簽證申請，原本純屬私人行為。政府一旦介入後，整個事件就變成了兩國間的交涉。以致日方一度試圖解釋為官方支持，作為拒發簽證的藉口，只因為輿論難抗，才又回心轉意。但我國外交部在這次事件中居於旁觀者而非交涉管道的地位，明眼人都很清楚。與民進黨關係深厚的少數旅日社團，或許在幕後折衝時曾有某些作用，但駐東京的台北經濟文化處羅代表福全也與這些團體關係頗深。政府不用正式掛牌的駐日代表處去辦交涉，反而聽任從中串連者去聯繫日方，有點像在搬磚頭砸自己的腳，對今後駐日代表處發揮實際功能，恐怕也有害無益。

這次日本能咬牙發給李前總統簽證，儘管附有令人難堪的條件，總算是中日台三角關係中，自兩年前日本拒絕跟隨美國說「三不」之後，一次不大不小的收穫。如何運用日本各媒體此次對台表達的善意，以及四十位日本參眾兩院議員組成的跨黨派「實現李登輝訪日促進會」的力量，重拾兩國間藕斷絲連的非官方接觸，真正謀求今後兩國關係的改進，才是政府重要的課題。李先生能去日本，只跨了一小步，如何走下去，就要看我國政府的智慧了。

六一、美中軍機碰撞事件　台灣須沉著觀察理性應變

（原刊九十年四月十日中國時報）

美「中」角力賽隨「事件」升溫，越拖越難收拾，台灣須以國家利益為優先考量，沉著應對。

從台灣看海南島，似乎遠不可及；但停在陵水軍用機場的那架EP－3型美國電子偵察機的命運，卻與我國今後國防安全有不可分割的關連。

這是場迄今世上唯一超級霸權的美國，與崛起爭奪東亞霸權地位的中華人民共和國之間的角力賽。儘管雙方都深知必須妥慎處理，避免擦槍走火弄得不可收拾的道理，但兩國內部不同的壓力，卻迫使華府與北京兩地掌權者都不得不表面故作強硬，免得被誤認為面對敵人時表現軟弱，失去內部各方的支持。

布希有共和黨右派、工會團體、乃至藉電視傳教的基督教福音派在旁虎視眈眈；而且他先前話說得太滿，不肯也無從道歉。江澤民雖然身兼中共中央軍委會主席，但為應付明年召開中國共產黨第十六屆全國代表大會，布置接班事宜，也壓不住遲浩田等軍頭的憤慨。何況李鵬以

下一批死硬派，對開放改革導致種種弊端，危及共產黨統治的根本，不滿已久，一直在等待借題發揮的機會。江朱體制即使只為自保，也難從陣前退縮。

軍事強國派遣電子偵察機，到假想敵國的海空防域境外巡邏，蒐集情報，各國都偷偷在做，只是不及美國那樣明目張膽而已。從前的蘇聯與今日的俄羅斯聯邦在做，英國在做，日本也在做。日本「自衛隊」擁有五架與美方這次失事同型的EP-3偵察機，試問那是做什麼用的，難道只是擺在地上玩玩的嗎？中共早先企圖向以色列購買三架功用相仿的電子偵察指揮機，已經簽約，被美國大力阻止，如何解約至今仍在糾纏中。如果買賣成交，我也不相信中共不會拿它來沿海峽中線飛行，測試台灣防務的強度。

雙方緊密商談已經十天了，中共仗著有美機上廿四名官兵在手裡，堅持要美國「道歉(apology)」。美國先只肯說「遺憾(regret)」，看中共態度絲毫不為所動，上週末已經針對王偉墜海後，遺體至今尚未尋獲一點，說出「抱歉(sorry)」與「哀痛(sorrow)」這些字眼，可是北京官方顯然因為來自解放軍的壓力太大，不敢或不願領情。雙方至今未有交集，如果再拖個十天半月，局勢將如何演變，誰也無從預測。

我個人的觀察，是中共的職業外交官們深知美國人缺乏耐心，遲遲不釋放機員，真會惹火華盛頓。從新任駐美大使楊潔篪在美國媒體上不慍不火的表現，到鮑爾國務卿致函錢其琛表示遺憾，後者雖正隨江澤民在南美訪問，卻立即函覆這些小節看來，以江澤民為首的領導集團似乎願意見好就收，問題在來自各方的雜音太多，江澤民究竟不是鄧小平，還壓制不住這麼多唱反調的人。

但越拖下去，局面越難收拾。平心而論，美國已經竭力在緩和國內的反「中」聲浪。白宮發言人從開始就稱軍機碰撞為「意外 (accident)」，不肯用「事件 (incident)」一字。鮑爾國務卿把機上廿四名官兵稱為「被羈留者 (detainees)」，但眾議院國際事務委員會主席海德認為他們已經變成「人質 (hostages)」。別看這只是一字之差，如果這批人到月底未能返美的話，可以斷言小布希總統會面臨就任以來最嚴重的外交危機。

中華民國在這次事件裡，頗能表現克制。陳總統昨天雖因接見美國議員，不得不說幾句場面話，其實並無對外宣揚的必要。我們應該不出一聲，沉著地觀察演變，只考慮自身的國家利益，不必作別人的應聲蟲，當然更不必隨中共叫囂喊罵。儘管如此，這回事件仍然一定會影響美國對台軍售的決定，如何化危機為機會，就看政府的智慧了。

六二、給我們一個文明的立法院

（原刊九十年三月廿一日聯合報）

必須等到李慶安委員揍羅福助委員的老拳，引起全國人民公憤，再加 CNN 把鏡頭送到世界各國觀眾面前，挑起外國人借「臥虎藏龍」中武打場面譏笑我們的民主風度，立法院才開始認真面對多年來紀律蕩然，無法無天的議事秩序問題，代價未免昂貴了一些。但正如英文俗語 better late than never（遲做總比不做好），像這幾天政治人物不分黨派，老百姓不論貧富貴賤，異口同聲地譴責國會暴力，立法院自身也準備以修法來糾正暴戾之氣的情形，實在難能可貴。

任何寶貴的機會都可能一縱即逝，國父早就說過，中國人常常只有五分鐘的熱度。比這次事件更不像話的前例，像朱高正跳上主席台扯斷麥克風，張俊雄打主席梁肅戎的耳光，事發時也引起很多評論與譴責，事後還不是不了了之？所以對這次國會暴力事件，媒體固然要緊追不捨，國人更應不受羅福助委員退出議壇三個月的承諾所迷惑，坐視這種大事化小，小事化無的策略，又一回成功地損害到國家名譽和民主前途。

大家注意力尤其不能被轉移到其它枝節。景文技術學院與景文集團內情複雜，但那只是另一樁政商勾結圖利案件，留給教育部和法院處理就夠了，不應與這次事件混為一談。親民黨女委員們到法院告羅福助傷害，雖有理，也與立法院自律無關。釐清問題，貫注焦點後，讓我們拭目以觀，立院這次能不能，會不會像鳳凰浴火重生，樹立一個民主進步國家的立法機構進退有禮，揖讓有序的典範，真正與過去種種亂象說：永別了。

近來有許多團體，從外交人員講習所到民進黨外交訓練營，都約我去講國際會議機制、慣例與語言。其實不管是國際會議或立法院開會，除使用語言有別外，在議事規則與禮儀上，不應該有什麼差別。立法委員中不乏學養兼優、公忠為國之士。立法院淪落到今天這個地步，與其責怪任何黨派或個人，不如歸咎於中國人從來就不懂如何開會，和什麼叫做會議禮儀。

首先，會議秩序最基本的原則，是不管會議大小，必須尊重主席。外國的國會裡，議長地位至高無上，對發言踰矩者可裁示必須收回所言、向被侮辱者道歉、甚至勒令離開會場。受到這類裁示的議員一定馬上接受照辦，否則只有自動辭職一途。這是因為人家有最低的道德規範，無須立法規定。凡有點良心的議員自知若死賴著不辭，下屆也絕無當選希望。哪裡敢自比耶穌，難道耶穌也曾先動手打過人嗎？

八十八年公佈施行的「立法委員行為法」在外國恐怕會被當成笑話。因為該法第七條規定立法委員「不得有下列行為」的各項，包括第五項「暴力之肢體動作」，都是根本就不該發生的現象。劉光華委員主張修正第二十八條，在懲戒處分裡加入除名一項，且除名後不得參加下屆競選，用心良苦，希望趁這次機會，能迅速獲得通過。更重要的是，今後紀律委員會必須劍及屢及，不顧情面，摒除政治考慮，以維護整體榮譽為最高職責，才能扭轉立法院不斷向下沉淪，在各種民意調查裡都被國人認為幾已無可救藥的形象。

還有一個問題，或許在「行為法」裡面也應加以規範，就是委員彼此間隔空喊話，甚至拍桌叫罵的不良習慣。外國國會裡，任何議員要想發言，必須先獲議長許可，這點大家都懂。而鮮為國人所知的是，獲准後起立發言，講話內容儘管在批評另外一黨，表面上仍只能以議長為對象，以免直接發生衝突。即使在英國西敏寺制度 (Westminster system of Parliament) 之下，執政黨與反對黨面對而坐，雙方發言時對象仍然只限於議長，不能指著另一黨議員的鼻子叫嚷。外國人演說，每幾段必稱「主席先生」，便是這個道理。

我國立法院質詢時，行政院長與閣員站在左邊，質詢的委員站在右邊。一方恣意叫罵，另一方則閃避躲讓，真正忍無可忍時才回個嘴，馬上被媒體渲染成了內閣危機。這種視議長如無物，罔顧國會最低禮儀的怪現象，不知是誰定下的規矩？作主席者也甘願置身事外，才演變成既不像辯論會，又缺乏裁判員的結果。奇怪的是至今還沒有人覺悟出，只要恢復任何會議都須尊重的主席職權，質詢委員的發問，與行政院回答時表面都以議長為對象，就可避免許多無謂的衝突，還給立法院一點文明氣息。

此外，在「行為法」第七條後段裡，對前段第一、二、三、四各款比較輕微的越軌行為，包括不遵守主席裁示、以言詞辱罵其他委員、發言超過時間不聽制止、未得主席同意即插言干擾他人發言之類，應該改為由主席即席逕行裁定處罰，立即執行，不必把皮球踢給紀律委員會，一拖幾個月毫無結果。立委究竟代表全體人民，如能依以上建議改革議事規則，恢復主席應有權威與尊嚴，相信大家對立院另眼相看的日子不會太遠。

六三、開放賭禁不是見不得人的事

（原刊九十年三月十日聯合報）

世界最古老的娛樂，沒有一個國家曾完全禁絕過，用「博弈事業」掩蓋，只是自欺欺人。

八十七年三月五日，聯合報「民意論壇」登過我一篇投書，主張開放賭禁，標題是〈圍『賭』不是辦法〉，當月的遠見雜誌也同步刊出。文章的動機在於，古今中外，沒有一個國家曾完全禁絕這項世界最古老的娛樂。刑法雖然禁止賭博，但台灣的地下賭場抓不勝抓，結果無非替黑道人物製造了發財捷徑，與為不肖警察開闢了按月收取保護費的來源而已。

當時做夢也想不到，三年之後，這題目會引起社會如此重視。這幾天報端議論紛紛，從衛道之士、環保健將，到政府大員、民意代表，各說各話。總統府一天內兩度澄清，說陳總統並未向安德森作過任何承諾；馬上有位縣議長跳出來，高舉去年六月二十日的總統府新聞稿，證明總統在另一場合，對六位縣議長確實說過「可以由離島開始」的話。總之，如無這次的擾攘紛爭，陳總統個人傾向於開放，大概是不會錯的了。

總統府看法與民進黨若干人意見南轅北轍，這並非頭一遭，恐怕也不會是最後一次。日來有關離島觀光建設應否包括開放賭禁的問題，眾說紛紜，只能使老百姓更加糊塗，莫知適從。仔細研究反對黨聯盟幾位立委的發言，焦點並不在賭禁本身，而是質疑何以去年十月廿六日總統接見安德森時的談話，保密了這麼久，直到四個半月後才由張博雅部長在立法院像似不經意地透露出來？其中有無暗盤操作，獨厚一家之嫌？總統府與行政院愈是否認有預設立場，反對黨的懷疑就愈甚。

如果只為釋放個試探性氣球，張部長選擇的時機與作法都不適當。總統府的急於澄清，與行政院的忸怩作態，更反映出新政府內部事先對政策缺乏協調，一遇風暴先撇清抵賴的下意識反射動作，實非國家之福。

已經是廿一世紀了，台灣早該擺脫冬烘道學的顧慮，以開放容忍的態度面對任何問題，不必考慮政治得失，只問就長遠而言，對社會群體是否有利，與國際步調是否符合。政府對人民尤其要誠實，「開放賭禁」不是見不得人的事，何必要用文謅謅的「博弈事業」來掩蓋，彷彿換個名稱，性質就會不同，人民也容易接受點，實在只是自欺欺人。

要避免反對黨有任何懷疑，等立法院討論修正「離島開發條例」與制訂施行細則時，儘可規定觀光旅館附設賭場的審核發照，應採邀請在他國有業績且聲譽卓著的旅館集團公開參加競標的方式。從澳門到巴哈馬，這種公司多的是，「威尼斯人集團」不見得準能得標，總統府也無須再費神澄清。

怕公務員或青年學生沉溺其中，更不是問題。三年前我那篇投書就建議，觀光旅館如設置賭場，不能效法韓國華克山莊的規矩，只准外國人進入，因為台灣持兩本護照的同胞至少有十萬人。但立法時儘可明文規定，只限每年繳納個人綜合所得稅超過新台幣三十萬或五十萬元，且年已滿三十歲的人，才能持身分證與繳稅憑單入場，因為他們已經賺了足夠的錢，盡了納稅的義務，輸點錢也不至於鋌而走險。這樣一來，別說青年學子，就連中央研究院在內的公教人員，除李遠哲院長或部會首長外，也沒有幾位夠資格進入觀光賭場了。

前省長宋楚瑜昨天指出，建設離島為觀光勝地，不是說蓋就能動手的。澎湖供水本來就有困難，冬季又不適於戶外活動，這些問題都需要深思熟慮。他沒有提到的細節還很多，如擴建國際機場、容許外國航機直飛，乃至加強治安、環保、教育、就業輔導等各方面的配套措施，都需要全國上下冷靜地研討。這才是針對離島開發問題本身，尋求經濟永續發展之道。

三民叢刊好書推介

10 在我們的時代　　周志文

本書收集作者曾發表的時事短評，針對的人、事雖各有不同，但所抱持的理念是一致的，那就是一個人文學者對現世的關懷，與對未來猶不死滅的希望。作者以洗鍊的文筆，犀利剖開事件上層層的迷障，讓我們得以見到更深刻的事實和理念。

19 德國在那裡（政治經濟）　　郭恆鈺

兩德快速統一為上個世紀寫下一個驚嘆號，這成功的經驗不僅開展了東西方關係的新路，也給其他分裂中國家一個新的典範。本書對德國的成功經驗有一番回顧，系統地討論聯邦德國政經等各方面的發展歷史與現狀，讓您對此一事件有全面而充分的了解。

43 兩岸迷宮遊戲　　楊　渡

隨著兩岸的逐漸開放、交流，已逐漸架構出一網絡，這樣的變化，對雙方勢必有重大的影響。在未來，這種影響將更日趨增強。作者希望以「民間觀點」來探討「兩岸關係」，分析其對臺灣命運之影響，試圖走出「兩岸關係」的遊戲迷宮。

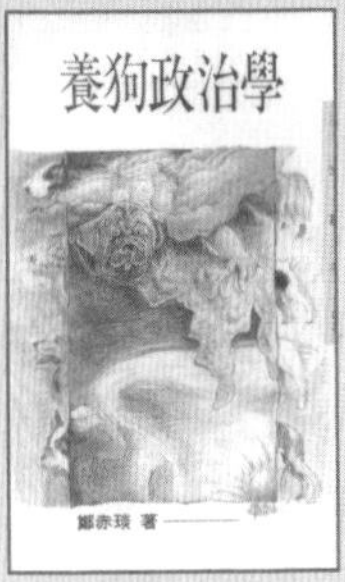

107 養狗政治學　鄭赤琰

養狗毫無疑問是一門很精深的學問。因為一樣狗可被養出百樣用途。如：獵狗、守門狗……，千奇百怪。但是所有這些狗，都比不上政治狗。狗被養在政治圈裡，扶持主人玩政治，這樣的學問可以說是橫掃其他學問，是養狗學問之冠！

243 何其平凡　何凡

還記得那段玻璃墊上的日子嗎？在聯合報連續撰寫專欄逾三十年，何凡，以九十二歲的高齡，將這十年間陸續發表的文章集結成這本書。謙虛的他取其筆名的含意，將這本小書命名為「何其平凡」，獻給品味不凡的——您。

251 靜寂與哀愁　陳景容

畫家陳景容在本書中除了信手拈來的小品，更為您細數過去重要作品的點點滴滴，不論是濕壁畫、門諾醫院的嵌畫或是平日創作的版畫、油畫、彩瓷畫等，彷彿讓您親臨創作現場，一同見證藝術的誕生。

253 與書同在　韓秀

臺灣一年有多少本書面世呢？三——〇〇〇〇以上，沒錯！四個零。面對書山書海，您是否有不知該如何選書的困擾？與書生活在一起的作家韓秀，提供給愛書朋友們一份私房閱讀書單，帶領讀者超越時空的藩籬，進入書的世界裡。

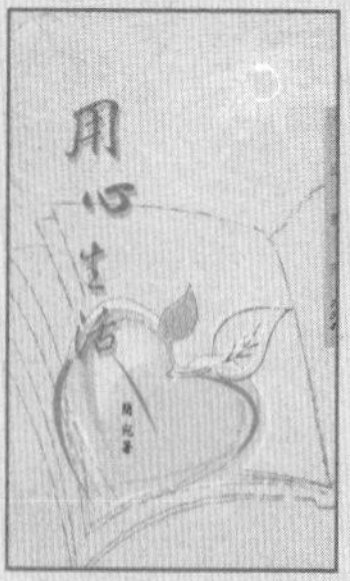

254 用心生活

簡宛

生活之於你，是否已如喝一杯無味的水，只是吞嚥，激不起大腦任何感動；有人卻不如此。簡宛以一顆平實真摯的心，不斷地於生活中挖掘出新的滋味，記錄她對朋友的關懷，旅途上的見聞感想，對世事的領悟與真情的感動，與您分享。

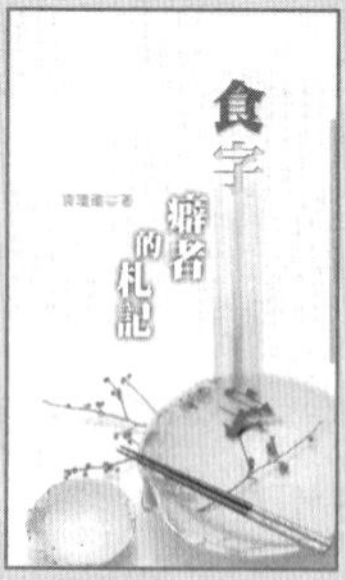

256 食字癖者的札記

袁瓊瓊

當您闔上這本書前，眼角餘光還會掃到這一小塊文字，恭喜！您罹患了一種精神官能症——「食字癖」。發作初期會對文學莫名其妙地熱中，到了末期，則有不讀書會死的焦慮。此病無藥可醫，只能以無止盡的閱讀緩解症狀。這本書提供末期的您，啃食。

257 時還讀我書

孫　震

「他鄉生白髮，舊國見青山」，所見的不只是天地悠悠，更有生命的尋思與豁然。本書是作者在經濟學專論之外少見的散文選輯，談人生點滴，敘還鄉情怯，言師友交誼，以髮上青春的墨色留下扉間歲月的字跡。

258 私閱讀

蘇偉貞

私之閱讀，閱讀之思。寫書、讀書、評書，與書生活在一起的「讀書人」——蘇偉貞，以獨特的觀點，在茫茫書海中取一瓢飲，提供您私房「讀」品，帶您窺伺文字與靈思的私密花園。

國家圖書館出版品預行編目資料

橘子、蘋果與其它:新世紀看臺灣舊問題／陸以正著.
－－初版一刷.－－臺北市；三民，2003
面；　公分－－(三民叢刊. 264)

ISBN 957-14-3837-5 (平裝)

850

網路書店位址　http : // www. sanmin. com. tw

© 橘子、蘋果與其它
——新世紀看臺灣舊問題

著作人　陸以正
發行人　劉振強
著作財產權人　三民書局股份有限公司
臺北市復興北路386號
發行所　三民書局股份有限公司
地址／臺北市復興北路386號
電話／(02)25006600
郵撥／0009998-5
印刷所　三民書局股份有限公司
門市部　復北店／臺北市復興北路386號
重南店／臺北市重慶南路一段61號
初版一刷　2003年2月
編　號　S 811110
基本定價　參　元
行政院新聞局登記證局版臺業字第〇二〇〇號

ISBN 957-14-3837-5 (平裝)